COLLECTION MICHEL LÉVY

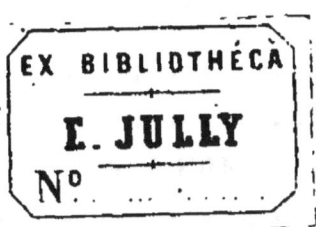

OEUVRES COMPLÈTES

D'ALPHONSE KARR

OEUVRES COMPLÈTES
D'ALPHONSE KARR
PARUES DANS LA COLLECTION MICHEL LÉVY

LES FEMMES.	1 vol.
AGATHE ET CÉCILE.	1 —
PROMENADES HORS DE MON JARDIN.	1 —
SOUS LES TILLEULS.	1 —
LES FLEURS.	1 —
SOUS LES ORANGERS.	1 —
VOYAGE AUTOUR DE MON JARDIN.	1 —
UNE POIGNÉE DE VÉRITÉS.	1 —
LA PÉNÉLOPE NORMANDE.	1 —
ENCORE LES FEMMES.	1 —
MENUS PROPOS.	1 —
LES SOIRÉES DE SAINTE-ADRESSE.	1 —
TROIS CENTS PAGES.	1 —
LES GUÊPES.	6 —
RAOUL.	1 —
ROSES NOIRES ET ROSES BLEUES.	1 —
GENEVIÈVE.	1 —
LE CHEMIN LE PLUS COURT.	1 —

En attendant que le bon sens ait adopté cette loi en un article : « La propriété littéraire est une propriété, » l'auteur, pour le principe, se réserve tous droits de reproduction et de traduction, sous quelque forme que ce soit.

Paris. — Imp. de ÉDOUARD BLOT, rue Saint-Louis, 46.

LA PÉNÉLOPE
NORMANDE

PAR

ALPHONSE KARR

NOUVELLE ÉDITION

PARIS
MICHEL LÉVY FRÈRES, LIBRAIRES-ÉDITEURS
RUE VIVIENNE, 2 BIS
—
1860

— Tous droits réservés. —

LA PÉNÉLOPE NORMANDE

PROLOGUE.

Un beau jour d'été allait finir. — Sur une côte, au bord de la mer, à une lieue du port de ***, — je vous dirai tout à l'heure pourquoi je ne nomme pas ce port, — un groupe de personnes de costumes et de conditions divers avaient les regards fixés sur l'Océan.

Il était facile de voir que ce n'était pas le magnifique spectacle d'un soleil couchant sur la mer qui attirait leurs regards.

Le ciel, à l'ouest, resplendissait des plus riches couleurs.

Le soleil se trouvait en ce moment derrière une

longue bande formée par un nuage noir frangé d'or.

Au-dessous du nuage, un espace qui semblait aux yeux seulement de quelques pieds était d'un bleu limpide glacé d'or.

Au-dessus du nuage, un grand espace du vert-bleu particulier à certaines turquoises.

Au-dessus de cet espace, des nuages-rouge de feu; puis, si l'on relevait la tête, on voyait au zénith un ciel lapis parsemé de nuages roses.

La mer, sous le ciel, était d'un vert sombre, sur lequel s'étendait un glacis de feu.

Eh bien! ce n'était pas de ce côté que les personnages que j'ai désignés avaient les regards tournés.

C'était, au contraire, du côté du port, du côté de l'est, où le ciel et la mer étaient gris et voilés.

Le groupe se composait:

D'une jeune femme jolie, svelte, simplement, mais élégamment vêtue d'une robe de soie à carreaux écossais verts et bleus, et d'un chapeau de paille sur lequel se croisaient des rubans de la même couleur que la robe. Un col uni, empesé et rabattu, ses gants d'un brun clair, ses bottines vertes, venaient évidemment de Paris;

une servante habillée à la mode du pays, avec

un bonnet à larges ailes qui se remplace désagréablement par un bonnet de coton; une jupe à raies rouges, une sorte de gilet en laine grise;

D'une enfant de neuf à dix ans, — habillée d'une robe de laine à carreaux écossais verts et rouges, — ne tombant que jusqu'aux jarrets et laissant les jambes nues sous des chaussettes à carreaux pareils à ceux de la robe; sur la tête un large chapeau de paille rond;

D'un homme grand et assez gros, au visage rouge et tanné par le vent, les yeux d'un bleu pâle et indiquant de la ruse; — il était vêtu d'une très-longue redingote bleue qui lui descendait presque jusqu'aux talons, un chapeau de castor hérissé, de gros gants de daim roulés dans une main, un pantalon de nankin trop court.

La jeune femme était madame Héloïse Noëmi d'Apreville, femme du capitaine au long cours de ce nom.

Elle avait vingt-huit ans et le capitaine en avait cinquante; — il l'avait épousée une dizaine d'années auparavant après l'avoir rencontrée par hasard dans une maison pour laquelle il avait des marchandises.

Noëmi, orpheline, sans aucune fortune, avait été

recueillie par des parents éloignés, qui lui faisaient payer l'hospitalité qu'ils lui donnaient — au prix où cela se paie chez des parents riches, avares et vaniteux.

Noëmi était belle, instruite, spirituelle, — le cœur du capitaine Hercule d'Apreville en avait été remué sous l'épaisse poitrine bronzée qui lui avait servi jusque-là de cuirasse impénétrable. Au voyage suivant, le capitaine rapporta pour Noëmi quelques curiosités qu'il lui offrit timidement. Puis, quelque temps après, ayant réglé son compte avec ses armateurs, et se trouvant suffisamment riche pour vivre à sa guise dans une petite maison qu'il avait héritée de sa famille, et dans laquelle il était né, — il s'occupa d'arranger cette maison pour s'y retirer ; — il fit faire des peintures, coller des papiers, — il acheta des meubles, — mais il lui semblait qu'il manquait toujours quelque chose.

Il retrouva une servante élevée par sa famille, qui depuis s'était mariée et était devenue veuve avec deux enfants. Il prit chez lui Mathilde, que, par une corruption de mots ordinaire en Normandie, on appelait Maltide, et recommanda l'aîné des garçons à son ami le capitaine Anthime Férouillat, qui, après avoir navigué longtemps comme son second, avait obtenu le commandement d'un petit bâtiment à vapeur faisant le cabotage à de petites distances et revenait au port tous les cinq jours. Ces anciennes relations, quoique Anthime fût devenu capitaine à son tour, tenaient toujours Férouillat dans une sorte de subordination à l'égard d'Hercule, qui de plus avait sur lui l'avantage immense de la fortune.

Hercule d'Apreville mangeait bien, buvait bien, dormait la grasse matinée.

Et cependant il n'était pas heureux.

Il fit faire un canot charmant pour se livrer à la pêche, — il prit le second fils de Maltide pour matelot, — fit venir des tambours et paniers à prendre les homards d'Étretat, — chargea un ami de lui apporter de Livourne des trémails en soie, — en un mot, s'équipa et s'appléta de telle façon que les pêcheurs de la côte le déclarèrent, — comme on avait fait jadis pour Alain, — dont j'ai écrit autrefois l'histoire, — l'ennemi du poisson.

Eh bien! cela ne l'amusa que pendant quelque temps.

Il alla passer une partie de ses journées au port voisin, retrouva les capitaines ses confrères, déjeuna, dîna et but avec eux.

Mais en un mois il eut épuisé tout ce que contient de plaisir le domino à quatre, et il revint chez lui l'estomac fatigué par l'eau-de-vie de cidre et le genièvre, qui sont aussi nécessaires pour jouer aux dominos que les dominos eux-mêmes.

Cette assertion est inexacte ; elle pèche par la timidité.

L'eau-de-vie de cidre et le genièvre sont plus nécessaires pour jouer aux dominos que les dominos.

— Je n'ai jamais vu quatre marins dans les cafés souterrains où ils se réunissent — jouer aux dominos sans avoir sur la table une canette d'eau-de-vie de cidre et une de genièvre.

Et il n'est pas rare de les voir en même nombre autour d'une table, où ils se sont assis pour jouer aux dominos, vider à plusieurs reprises les *pots* d'eau-de-vie et de genièvre en fumant — sans penser à sortir de leur boîte les dominos que le garçon finit par donner à d'autres joueurs sans qu'ils s'en aperçoivent.

Le capitaine Hercule se reposa un peu chez lui, puis, voyant qu'il s'ennuyait toujours, il alla passer un mois à Paris. Il visita tous les monuments : la colonne de la place Vendôme, le Louvre, le Panthéon, etc., puis Versailles, un jour de *grandes eaux*.

J'ai toujours vu les marins s'empresser, dans leurs voyages à Paris, d'aller voir jouer *les grandes eaux* à Versailles.

Ils rient beaucoup sur leurs plages de la stupéfaction et de l'admiration écrasante qu'éprouvent les Parisiens à l'aspect de la mer.

Eux réservent leur admiration pour les jets d'eau, les cascades et les robinets de Versailles.

Après tous les monuments, il alla voir tous les théâtres. Après, quoi ?

Le capitaine Hercule d'Apreville découvrit, un peu avant la fin de son mois, qu'il s'ennuyait également à Paris ; que l'ennui y était plus cher, mais qu'on en avait pour son argent ; qu'il y était parfaitement conditionné et de bonne qualité.

D'ailleurs, un marin ne tarde pas beaucoup à se demander le matin : « Ah çà ! où est donc la mer ? » Ces horizons de pierres et de maisons, où les yeux voient se cogner et s'émousser sans cesse la pointe de leurs regards accoutumés à plus d'espace, ne tardent pas à les fatiguer et à leur donner le mal de terre.

Le capitaine revint à sa petite maison. Le premier jour, il s'y trouva très-heureux ; il dormit mieux dans son lit; il dîna mieux en mangeant sur la table le *fricot* apprêté par Maltide.

Le lendemain, il s'amusa énormément à la pêche.

Le surlendemain il s'y ennuya.

Le jour d'après il resta chez lui et se dit : — Mais que diable manque-t-il dans cette maison!

Le dimanche d'après il alla à la messe.

Car le capitaine Hercule d'Apreville jurait, sacrait, avait parfois aimé des négresses, en se contentant de leur part d'un consentement incomplet, — avait d'autres fois tué des nègres malgré leur refus formel, — il avait dans son commerce exercé l'épicerie à main armée, et ne s'était pas toujours piqué de donner le prix entier des marchandises qu'il prenait, ni le poids exact de celles qu'il livrait.

Mais, néanmoins, le capitaine Hercule d'Apreville n'aurait manqué pour aucun prix une des solennités de l'Église. Jamais il ne se mettait en route sans avoir fait dire préalablement une messe pour la prospérité de son voyage. Il n'était pas fâché d'avoir à terre quelqu'un qui, pendant une tempête, faisait à son intention brûler quelques petits cierges devant saint Sauveur, un saint inventé par les marins.

En effet, ces hommes, qui à chaque instant peuvent

se trouver dans les dangers où la force de tous les hommes réunis ne pourrait rien pour leur salut, tournent naturellement leurs regards vers le ciel.

Il y avait dans l'église de la commune un tableau représentant le navire du capitaine d'Apreville dans une tempête; sur ce navire on voyait le capitaine lui-même — un peu plus grand que les mâts, — joignant les mains et implorant le ciel, et dans un nuage la sainte Vierge et l'enfant Jésus.

C'était le résultat d'un vœu qu'avait fait le capitaine pendant une furieuse tempête, où il n'avait dû, disait-il, son salut, celui des hommes de son équipage et de son navire, qu'à la protection de la Vierge.

Il expliquait parfaitement aux autres marins qu'il n'y avait plus aucunes ressources dans la science et dans la pratique du métier ; qu'il était inévitablement perdu sans l'intervention de la puissance divine, et les gens qui se piquaient avec raison de savoir leur métier tombaient d'accord avec lui; que l'homme n'avait plus rien à faire pour son propre salut dans les circonstances où il s'était trouvé.

Qui aurait pu prouver, qui aurait pu soutenir que ces gens se trompaient? Je déclare que ce n'aurait pas été moi.

Le capitaine Hercule d'Apreville, à l'église, suivait attentivement la messe et chantait à haute voix avec les chantres — en latin.

En sortant de l'église, le capitaine vit mademoiselle Noëmi Vallier, à laquelle il offrit de l'eau bénite, — puis il rentra chez lui, soucieux et préoccupé ; — il trouva la maison plus vide que jamais ; — sa table plus triste, quoique Maltide eût particulièrement soigné la *fricassée* ce jour-là. — Il remarqua Férouillat qui l'attendait pour dîner à midi, heure d'usage, — racontant souvent les mêmes histoires. — Il l'appela plus souvent que de coutume « Normand, » à cause que Férouillat était né dans la vallée d'Auge et bas-Normand, ce qui est le Normand par excellence. Mais il comprit ce qui manquait dans la maison, et il se représenta qu'à cette table, voir en face de lui le gracieux et frais visage de Noëmi, serait un horizon bien plus agréable que la figure tannée et goudronnée du capitaine Anthime.

Huit jours après il demanda *la main* de Noëmi à ses parents ; — à elle-même, il n'aurait pas osé.

Noëmi fut consultée un peu pour la forme, car les parents trouvaient très-sortable une union avec un homme qui ne demandait rien.

Pas de dot, cela ne les inquiétait guère ; — ils étaient si bien résolus à n'en pas donner ! — mais on pouvait demander un trousseau, et il aurait été difficile de ne pas en donner au moins une imitation. Noëmi comprit que, du jour où elle aurait refusé un établissement, — elle serait dans un état d'hostilité permanent avec une famille qui désirait vivement se débarrasser d'elle, et qui était à bout de la magnanimité peu coûteuse qu'elle s'était plus d'une fois repentie d'avoir commencé à manifester.

D'autre part, — être mariée, — être chez soi, — ne plus attendre d'une générosité paresseuse — les robes, les chapeaux, etc., que sa parente avait soin de se payer, en les choisissant de couleurs et de formes désagréables — c'était une perspective fort séduisante.

Et elle s'efforça d'oublier que le capitaine d'Apreville n'était ni beau, ni jeune, ni élégant, ni instruit, à part les connaissances de son métier qu'il possédait à un degré remarquable ; — elle pensa qu'elle s'accoutumerait même à l'odeur du tabac, se réservant de l'empêcher d'en mâcher, — même aux petits anneaux d'or qu'il portait aux oreilles.

Noëmi donna son consentement et devint madame d'Apreville.

De ce jour, le capitaine fut le plus heureux des hommes ; son amour pour Noëmi, qu'il considérait avec quelque raison comme une créature d'un ordre supérieur à lui, tenait singulièrement du culte. — Jamais il ne put se persuader que cette femme était à lui, — il lui faisait la cour tous les soirs, et était ému et tremblant d'incertitude vers dix heures. Noëmi était la madone de la maison. — Maltide ne partageait pas tout à fait l'admiration de son maître pour la nouvelle venue. — D'abord elle avait été forcée d'abdiquer le gouvernement de la maison, — puis elle ne trouvait pas Noëmi très-jolie.

Ce frais visage, un peu pâle comme une rose du Bengale carnée, ne lui semblait pas aussi beau qu'une figure ornée de deux belles plaques rouges sur les joues. Cette taille, un peu mince et souple, ajoutée à la blancheur de la peau, lui paraissait plutôt un signe de faiblesse et de maladie qu'une grâce et une beauté.

Elle ne put s'empêcher de le dire un jour à Noëmi elle-même.

Maltide avait été célèbre pour sa beauté dans sa jeunesse. Et voici comment feu Césaire Valin l'avait demandée pour Onésime Valin, son fils, à Martin Glam, père de ladite Maltide :

—Dites donc, voisin, savais-vous qu'vous aviez eune fille qu'elle est joliment lourde, tout de même ?

— Vous êtes ben honnête, voisin Valin, mais votre fille, la Valaine, est, je crois, encore plus lourde.

—Faut pas dire ça devant les jeunesses, voisin Glam, c'est déjà assez porté à s'en faire accroire, — j'avouerai que la Valaine est pas mal lourde aussi ;— ça fait deux beaux brins de fille. — Mais pour Maltide, y en a point une dans la paroisse pour être si rouge qu'elle.

— Ça, c'est vrai qu'elle est rouge, — c'est une vraie pomme, — mais la vôtre est bien aussi rouge.

—Vous mentais... y en a point une comme Maltide. C'est pas ça, — c'est qu'y a Onésime qu'a dit comme ça qu'il en voulait pas d'autre.

— Il m'a bien semblait aussi qu'y s'parlaient.

—Onésime est un fort gars, — ça vous soulève une barrique de cidre, — et ça la met sur une table.

— C'est pas qu'faudrait pas gager cher que Maltide en ferait pas autant.

— Eh ben ! voisin Glam, j'y vas pas par quatre chemins, Onésime est un fin pêcheur ; vous savez qu'il flaire le hareng d'une lieue, — il a deux lots de filets et sa pouche garnie.

— Maltide n'a pas une mauvaise coffrée.

— Eh ben! ça va-t-il?

— Ça va, — goûtez un peu de not'cidre.

Quelques heures après, les grands parents, complétement ivres, avaient réuni leurs enfants, leur avaient fait des discours sages, — et, un mois plus tard, Maltide avait épousé Onésime, qui depuis s'était *perdu* dans un voyage.

Elle n'avait pas oublié son ancienne célébrité pour la force et l'éclat des joues, et ne trouvant Noëmi ni lourde, ni rouge, elle lui dit :

— Ah çà! à Paris, c'est donc pas la même espèce qu'ici?—Vous autres, tant plus que vous êtes blanches, tant plus que vous êtes belles; — nous, ici, tant plus qu'on est rouge, tant plus qu'on est belle.

Elle soignait Noëmi comme quelque chose de fragile appartenant à son maître, — comme une porcelaine, — mais sans l'aimer pour son compte.

Quand Noëmi devint grosse et quand elle mit au monde la petite Esther, — Maltide fut très-étonnée; — elle crut d'abord que l'enfant de cette femme frêle et blanche ne vivrait pas.

Mais Esther, au contraire, fut bien portante et d'une

santé parfaite. — Maltide l'aima pour la part qu'y avait son maître.

Après quelques années, Noëmi devint triste, — et Hercule la pressa tant de questions qu'elle finit par avouer qu'elle s'ennuyait !

Le plus terrible aveu qu'une femme puisse faire:

— Une femme qui s'ennuie est capable de tout. — On en a vu empoisonner leur mari pour se désennuyer.

Les femmes ne meurent que d'ennui.

— Aimez-les, si vous voulez, mais, si vous les laissez s'ennuyer, elles ne feront pas plus de cas de votre amour, quelque ardent, quelque dévoué qu'il soit, que d'une paire de gants fanés ou d'un chapeau dont la coupe n'est plus à la mode.

Noëmi avoua, en outre, que, née à Paris, elle mourrait si elle n'y retournait pas. Le capitaine compta, recompta, en lui faisant l'exposé de sa petite fortune, — et lui demanda si elle serait suffisante pour vivre à Paris: — Noëmi répondit négativement et prit les airs résignés les plus attendrissants.

Hercule fit ce qu'il avait fait pour lui-même, il chercha tous les moyens imaginables de la distraire, mais sans résultats.

Alors, il lui dit un soir :

—Noëmi, la mer, qui m'a fait ma petite fortune, me doit bien encore quelque chose. Il se présente une magnifique occasion; il y a un coup de commerce important à faire; mais je ne veux plus partager avec les armateurs, qui ont toujours soin de se réserver la plus grosse part. Je vais retourner à la mer pendant quinze mois ou deux ans d'abord; puis, s'il est nécessaire, je ferai un second voyage; mais j'ai bonne idée du premier. Il y a, sur le chantier de Crescent, le *charpentier*, une goëlette qu'on est en train de mâter. C'est un modèle de goëlette; ça doit serrer le vent comme un goëland. Il avait fait ça pour un négociant qui a fait la culbute. On l'aurait à bon marché.

Noëmi fit quelques objections, mais se laissa battre. Hercule d'Apreville acheta la goëlette, qui fut baptisée en grande pompe. — Anthime Férouillat en fut le parrain avec Noëmi pour marraine, — comme il avait été parrain d'Esther avec Julie Quesnel, une amie de madame d'Apreville qui s'était mariée depuis et avait été habiter Paris, ce qui n'avait pas été étranger à la nostalgie de Noëmi.

Les lecteurs qui voudront savoir les détails exacts

et intéressants du baptême d'un navire les trouveront dans la *Famille Alain*, — roman de leur serviteur.

La goëlette fut appelée « la Belle Noëmi. »

C'était donc pour voir sortir du port « la Belle Noëmi », sous le commandement du capitaine Hercule d'Apreville, que les personnages dont nous avons parlé étaient réunis sur la côte, les yeux tournés vers l'est,

A l'exception d'Anthime Férouillat, qui fixait de temps en temps sur la femme de son ami des regards ardents qu'il détournait lorsqu'il craignait d'être aperçu un peu par elle et beaucoup par Maltide.

Une exclamation de Maltide, qui avait les yeux presque aussi exercés que Férouillat et qui était moins distraite, — signala la sortie de la goëlette.

Une jolie brise qui s'élève souvent à la fin du jour dans la belle saison la faisait glisser sur une mer unie. — Elle gagna le large pour s'élever au vent, puis d'une seconde bordée se rapprocha beaucoup de la terre. — De telle sorte qu'on vit un homme agitant un mouchoir. — C'était le capitaine.

On répondit de terre par des signaux semblables.

Et Anthime, d'un ton un peu brusque, dit à Noëmi qui agitait son mouchoir :

— Si vous croyez qu'il vous regarde... une fois à la mer;.Hercule ne pense plus qu'à son navire.

A la troisième bordée, la goëlette se trouva assez élevée et commença sa route en avant le vent grand largue.

Le ciel, pendant le temps qu'elle avait mis à gagner ce point de la haute mer, avait changé d'aspect; — le soleil descendu sous l'eau allumait d'un feu orangé vif toute la partie limpide qui s'étendait de la mer au sombre nuage. — La goëlette passa sur ce fond orange comme une noire silhouette. On put voir alors la pointe de sa mâture inclinée un peu en arrière.

Puis elle ne tarda pas à disparaître dans les brumes de l'horizon.

Férouillat reconduisit Noëmi jusqu'à sa porte; il partait cette même nuit, pour son trajet périodique.

— Dans cinq jours, lui dit-il.

— Dans cinq jours, répondit-elle.

Maltide pleurait. — Ce n'est pas dans cinq jours, pensait-elle, que reviendra le maître de la maison, ni dans cinq mois non plus : — qui sait s'il reviendra?

— Et tout cela, parce que cette créature ne trouve pas notre Normandie un pays assez beau pour elle.

Noëmi rêva pendant la nuit — que le capitaine d'Apreville était revenu avec un vaisseau d'ivoire et des voiles de satin, — le navire était chargé d'or. Noëmi avait une maison à Paris, — une voiture — et sa loge aux Italiens.

Elle fut réveillée — par le vent, qui faisait trembler la maison.

— Quel temps ! dit Maltide ; pourvu qu'il soit seulement sorti de la Manche.

Elle s'échappa, alla à l'église, — fit une prière et alluma deux petits cierges devant l'autel de la Vierge.

I

UNE PARENTHESE DE L'AUTEUR.

A propos, j'allais oublier de vous dire pourquoi je ne vous ai pas appris le véritable nom du port auprès duquel se passe l'histoire que je vous raconte

— Voici ma raison :

C'est que cette histoire n'est pas autant un roman qu'on le pourrait croire ; — et que je ne veux pas forcer quelques-uns des personnages de se reconnaître.

Ce danger de voir les gens se reconnaître n'est pas aussi réel qu'on le supposerait. C'est pourquoi je dis que je ne veux pas y obliger les gens.

Je me rappelle avec quelle inquiétude je retournai dans le monde il y a quelques années, après avoir publié un roman de *Clotilde*, dont madame George Sand a bien voulu accepter la dédicace.

Le caractère de Clotilde est pris sur nature ; son portrait physique même est extrêmement exact ; — j'avais seulement changé un peu la couleur de ses cheveux ; j'avais fait Clotilde blonde, et le modèle avait les cheveux bruns ; — mais elle n'en était pas moins de l'espèce blonde.

J'ai toujours le projet de faire un traité : De la férocité des blondes.

Il y a des blondes qui ont les cheveux bruns.

Tant pis pour ceux qui ne me comprennent pas.

Ce roman avait eu quelque succès. — Je redoutais singulièrement la rencontre de l'héroïne.

Je me demandais, alors que j'étais redescendu dans la vie réelle, si j'avais eu le droit de faire un portrait aussi ressemblant. J'évitai d'abord un peu les maisons où j'avais le plus de chances de la rencontrer ; mais un soir je la vis resplendir de tout l'éclat de sa jolie petite personne. Elle était assise sur un canapé, et me fit signe de venir à elle.

J'obéis, en désirant que le lustre tombât et tuât quelqu'un, ce qui aurait amené une diversion.

Mais le lustre ne tomba pas.

— J'ai cru, me dit-elle, que vous faisiez semblant de ne pas me voir.

Naturellement je répondis aussi maladroitement que possible :

— Et qui a pu vous faire croire... Après cela, j'ai la vue basse.

— Et depuis quand?

— Je veux dire fatiguée ; j'ai travaillé le soir.

— C'est justement de cela que je veux vous parler.

— Ah !

— J'ai lu Clotilde.

— Comment se porte votre mari ?

— Bien. — Je vous disais que j'ai lu Clotilde, — et j'ai eu à vous défendre. — Il y a des gens qui trouvent le caractère de Clotilde exagéré. — Eh bien ! non ! il y a des femmes comme ça.

Puis elle parla d'autre chose.

Revenons à la Pénélope normande.

Entre ce que je viens de raconter, — et ce qui va suivre, — il se passa un peu plus de quinze mois.

René de Sorbières à Augustin Sanajou.

Mardi..... juin.

« Ne va pas à la diligence samedi prochain attendre l'arrivée de ton ami. Je resterai encore ici une semaine.

« Des affaires imprévues... allons, j'allais te faire un mensonge, — point d'affaires, mais ce qui est plus sérieux, un plaisir, et un plaisir imprévu, et un plaisir incertain, me retient encore ici une huitaine de jours.

« Voici l'histoire :

« Il y a trois jours, je m'étais promené dans la forêt pendant quatre heures avec mon chien et mon fusil, sans rien voir. Je rentrais d'assez mauvaise humeur à ma petite maison. Au haut de la colline, sous les grands châtaigniers, comme j'approchais de la haie qui entoure le jardin, je vis une femme sortir brusquement de la tonnelle de vigne vierge et s'enfuir à ma vue. Je la saluai, mais cette démonstration pacifique me parut n'avoir d'autre effet que de rendre sa fuite plus rapide.

« Rien de si facile que de placer momentanément son bonheur dans quelque chose qu'on ne fait qu'entrevoir et qui fuit, — peut-être est-ce même là la définition la plus claire du bonheur.

« Ma vieille servante remporta, sans que je l'eusse touché, un poulet un peu trop rôti qui m'attendait depuis longtemps, — et je passai la soirée à me promener dans la forêt, que je trouvai aussi peuplée de rêves charmants que je l'avais trouvée quelques heures auparavant dépeuplée de gibier.

« Le matin, je reçus une lettre :

« Pardon, monsieur, d'abord pour la manière dont j'ai envahi votre domicile; ensuite et surtout pour l'impertinence de ma fuite à votre approche. Ma sauvagerie peut me faire passer pour la femme du monde la plus mal élevée; — mais je tiens à vous prouver que mon second mouvement vaut mieux que le premier. Je vous prie de n'en conserver aucune mauvaise impression et de vouloir bien me permettre de me reposer quelquefois dans mes promenades sous ce berceau touffu qui me plaît tant.

« Recevez, monsieur, avec mes excuses, l'assurance, etc.

« N. D'APREVILLE. »

« Je ne sais si cette petite lettre a coûté beaucoup de peine à écrire à celle qui me l'envoyait, — mais moi je griffonnai et déchirai dix billets avant d'en faire un dont je fusse content.

« Il est vrai que j'y voulais absolument mettre infiniment d'esprit, infiniment de cœur, un peu d'héroïsme, un peu de dévouement, un peu de générosité, beaucoup de poésie, avec une nuance suffisante de respect, de réserve, de dignité, sans cependant oublier de laisser entrevoir une imagination ardente et un cœur passionné.

« Tout en écrivant, je voyais devant mes yeux le paysan qui avait apporté le billet et qui attendait une réponse ; — il regardait en l'air et faisait tourner ses pouces. — Je venais de déchirer, de froisser et de rouler en tampon mon dixième essai et de le jeter en colère à l'autre extrémité de la chambre, lorsque je pensai que, ma lettre une fois réussie et bien faite, — Dieu sait quand j'arriverais à ce résultat, — le temps que j'aurais mis à l'écrire dénoncerait le travail et la préméditation. — Il n'était plus temps d'avoir fait une réponse du courant de la plume ; je me décidai à n'écrire que quelques lignes auxquelles on ne pourrait attribuer le retard du messager.

« J'offrais mon jardin tout entier,—j'expliquais que, si j'avais aperçu d'avance ma visiteuse, j'aurais évité de la déranger et de l'effrayer. Je comprenais que les fortifications de la haie fussent un attrait pour une femme aussi peureuse. Ma discrétion la garantirait au dedans comme la haie au dehors.

« Le lendemain je reçus une réponse à mon billet :

« Vous êtes bon et aimable, monsieur, on me l'avait dit, — et je vous sais un gré infini de m'en avoir fourni une preuve par cette petite lettre qui répond bien généreusement à mon impertinence d'avant-hier.

« Je regrette que la réclusion où je vis m'oblige à ne pas vous demander de venir recevoir chez moi tous mes remercîments pour l'offre gracieuse dont j'aurai le plus grand plaisir à profiter.

« La première fois que j'irai sous la tonnelle, ce ne sera pas seulement pour y être fortifiée, mais aussi pour avoir le plaisir de vous exprimer ma reconnaissance pour votre hospitalité, et surtout pour la façon dont vous l'offrez, la seule qui me permette de l'accepter.   NOÉMI D'APREVILLE. »

« Voilà où j'en suis, mon cher Augustin : — je veux

avoir fait les honneurs de ma tonnelle à cette prudente personne avant mon départ ; — agir autrement ne serait pas très-civil ; — mais il a plu presque toute la nuit, les promenades dans la forêt ne sont pas possibles. — J'ai fait à ma vieille servante quelques questions sur madame d'Apreville. — C'est la femme d'un capitaine qui avait abandonné la mer depuis son mariage, il y a quelques années, et qui y est retourné il y a un an. — Les marins, dit la mère Breschet, ça a l'air quelquefois d'aimer les femmes, mais au fond ça n'aime que la mer. Madame d'Apreville est une femme qui s'ennuie, — c'est facile à prendre au lacet comme un oiseau affamé par un temps de neige. Je me donne donc une semaine pour mettre à fin cette aventure ; il serait honteux pour ton élève, pour René de Sorbières, de ne pas, en une semaine, amener à mal une femme qui s'ennuie ; — c'est une entreprise facile à l'usage des commençants.

« A toi, R. DE S. »

Noëmi d'Apreville à Julie Quesnet.

« Décidément les hommes ne sont pas forts.

« Quand un mari conçoit de l'inquiétude à propos

d'un homme de sa société ou de son voisinage, il emploie le procédé que voici : — il signale l'ennemi à sa femme en lui disant : — C'est un séducteur, un mauvais sujet, un homme qui a eu trois cents maîtresses, qui se fait un jeu de jeter le trouble dans les ménages, etc.; — je vous avertis du danger, etc.

« Aucun de ces honnêtes maris ne s'avise de songer que ce danger n'est un danger que pour lui, et n'a rien qui nous épouvante, — et que pendant qu'il nous trace ce qu'il croit un affreux portrait, — nous entendons ceci : — C'est un homme très-aimable, très-séduisant, qu'il serait très-glorieux de fixer, et très-agréable d'enlever aux autres femmes.

« Un de ces derniers soirs, je m'ennuyais tellement que j'ai fait une fable sur ce sujet. — J'espère ne la pas mettre en vers, — je vois à l'horizon une distraction qui ne m'en laissera pas le triste loisir. Voici le sujet de ma fable :

« Un perroquet dit à un lapin : — Lapin, mon ami, je vais te donner un conseil dans ton intérêt : évite avec soin d'aller dans cette partie du jardin, — il y a là tout un grand carré de persil; — quand on mange du persil, les plumes vous tombent, le bec s'amollit, la tête tourne et l'on meurt empoisonné. — Perroquet, répond le lapin, les lapins n'ont pas peur de perdre leurs plumes ; le persil n'empoisonne que les perroquets, — et il court du côté où on lui a signalé le persil dont il fait un splendide repas.

« Mon pauvre bon mari m'a fait de notre voisin inconnu, M. René de Sorbières, le portrait ci-dessus rapporté, — puis il est parti tranquille après m'avoir signalé le danger ; et aussi heureux qu'a pu l'être Jean Racine après avoir terminé le portrait du monstre qui effraie si fort les coursiers d'Hippolyte.

« Mais depuis un an M. de Sorbières n'a pas paru ici, — et depuis un an il s'est passé des choses que je ne lui pardonnerai pas. — Le Férouillat, auquel mon mari m'a donnée à garder, n'aurait pas obtenu à force d'ennui, de lassitude... ce qu'il a obtenu, si mon imagination avait pu s'occuper ailleurs. — Une femme de vingt-cinq ans ne peut que difficilement ne pas aimer ; — elle ne peut pas du tout ne pas se sentir aimée ; — on peut à la rigueur ne pas accueillir d'amour, — mais au moins faut-il en avoir un à repousser. Férouillat était là, — seul, — toujours là et toujours seul, — il a bien fallu le préférer ; — aujourd'hui M. de Sorbières arrive trop tard, ils me le paieront tous les deux. On ne peut avoir deux amants que s'ils sont malheureux tous les deux. — M. de Sorbières n'arrivera pas, et Férouillat sera précipité. Après tout, les amants malheureux sont les seuls fidèles, les seuls aimables, les seuls dévoués. Va donc pour deux amants malheureux!

« Il me semblait naturel que M. de Sorbières arrivant à sa ferme, s'informât un peu du personnel féminin du pays; — un monstre insatiable, comme me l'a peint cet excellent Hercule, devait naturellement s'enquérir de ce qu'il trouverait à mettre sous la dent pendant son séjour ici. Mais je crains que mon mari ne l'ait singulièrement flatté. — Il n'a pas passé sous mes fenêtres; il n'a pas paru à l'église, même devant cette chapelle invisible que le diable a, dit-on, dans toutes les églises. Je voulais l'éviter et le fuir; cela donne de l'ardeur aux poursuites. Mais il ne m'en a pas donné l'occasion. — Il n'est pas possible, cependant, que M. René de Sorbières soit sensible aux attraits robustes de ces hommes femelles qui servent de femmes aux paysans. Je ne pouvais attribuer son indifférence qu'à l'ignorance de mon séjour ici. — Ma foi! j'ai pris un grand parti, je suis allée le fuir chez lui.

« Il y a une charmante petite maisonnette dans les

bois, en haut d'une colline. — Anthime Férouillat m'y avait menée pendant l'absence de M. René. Du jardin on voit le soleil se coucher derrière les cimes des châtaigniers ; — il y a beaucoup de fleurs et des tonnelles épaisses et embaumées—et pendant qu'Anthime m'y parlait de sa flamme, — je me disais : — Quel charmant endroit pour y aimer un autre !

« Je suis allée me reposer sous une des tonnelles du jardin. M. René revint de la chasse presqu'à la fin du jour. J'attendis, pour être surprise et effrayée de sa brusque apparition, qu'il fût assez près de moi pour bien voir les quelques faibles avantages que l'on veut bien m'accorder. Il n'était qu'à quelques pas de la tonnelle, lorsque je jetai un petit cri et pris la la fuite. — Comme je me retournais pour voir si le monstre ne me poursuivait pas, — je l'aperçus à la place où il m'avait vue.—Il me salua gracieusement ; — le plus gracieux étant, en fait d'amour, une première hostilité, je redoublai l'ardeur de ma fuite.

« S'il m'avait poursuivie pour s'excuser, je me serais laissé atteindre, mais il paraît qu'il me crut effrayée pour tout de bon,— ou qu'il avait très-faim, — car il entra dans la maison. J'étais piquée ; — le lendemain, je lui écrivis pour lui demander pardon de la hardiesse d'être entrée chez lui et de l'impolitesse de ma fuite. — Sur le premier point, je le croyais absent; — sur le second, je suis affligée d'une invincible timidité, etc.

« M. René me répondit le petit billet le plus laborieusement insignifiant qu'on puisse imaginer; — cependant il me priait de ne pas interrompre mes promenades dans son enclos; — il m'offrait d'éviter ma présence pour ne pas m'effaroucher, etc. — Je crus devoir répondre pour remercier provisoirement.

« Je crois que j'aurais profité un peu trop tôt de la permission, sans une pluie bienfaisante qui est venue rendre heureusement impossible une démarche trop prompte; — ce n'est qu'hier que je suis allée à la tonnelle, — mais avec ma petite Esther; — sans aucun doute, il rôdait aux environs, — car j'y étais à peine depuis dix minutes que je l'ai vu arriver; — sa timidité était plus réelle et mieux jouée que la mienne; — j'allai droit à lui : — Monsieur, lui dis-je, j'étais venue pour vous rencontrer et vous remercier de votre gracieuse hospitalité.

« Il fut poli, — un peu embarrassé; — la présence d'Esther, qu'il déclara une charmante enfant, ne parut pas le combler de joie.

« Nous causâmes de choses et d'autres ; — je parlai de mon mari, — de sa tendresse paternelle pour moi, — de mon affection et de mon estime pour lui. — Je lui contai son absence et la façon originale dont il me donnait de ses nouvelles, — en m'envoyant par les navires qu'il rencontre les produits précieux des singuliers pays où il se trouve, de la poudre d'or, un châle, des nattes, etc.

« L'enfant et le mari rendirent M. de Sorbières très-froid, — je le savais bien, — mais c'est un effet nullement dangereux, au contraire. — Je me l'explique par cette nouvelle médecine par l'eau : — on vous enveloppe d'un drap glacé, — puis il s'opère une réaction, et il vous vient à la peau une chaleur presque fiévreuse. — Très-peu d'hommes ont en réalité le désir qu'ils affichent tous de rencontrer au désert cette fleur qui s'épanouit solitaire ; — ils ne prendraient pas la peine de se pencher sur elle pour respirer ses parfums : — c'est la fleur à la boutonnière ou à la main d'un autre qui leur fait envie ; — c'est misérable, mais c'est comme ça. — On prend les amoureux à la pipée, comme les oiseleurs prennent les oiseaux, en ayant d'autres oiseaux déjà pris et attachés par la patte. Les hommes vous apportent bien plus volontiers leur cœur sur un tas de cœurs déjà amoncelés à vos pieds, — de même que les fermières mettent des œufs frais ou faux dans les nids des poules pour les engager à y venir pondre.

« J'ai laissé M. René mécontent et amoureux. — Il est fort bien. — Je ne lui pardonnerai jamais d'être venu trop tard, — pas plus que je ne pardonnerai à Férouillat d'être venu trop tôt.

« Noémi. »

René de Sorbières à Augustin Sanajou.

« Ma foi, tant pis ! — je partirai demain. — Au lieu d'une semaine, j'en ai pris deux, et, je l'avouerai à ma honte, je ne suis pas plus avancé que le premier jour. — Cependant je vois madame d'Apreville tous les jours, — elle vient regarder coucher le soleil dans mon jardin ; — quand elle est partie, je rappelle ses paroles et les miennes, je rappelle jusqu'à ses gestes et aux inflexions de sa voix, — et je ne sais rien.

« Si je veux choisir dans ce qu'elle fait, dans ce qu'elle dit, — dans ses manières d'agir et de parler, — en en prenant à peu près la moitié, — je me persuade, je me prouve qu'elle m'aime.

« Mais l'autre moitié me prouve parfaitement le contraire.

« Quand je veux juger le tout à la fois, ma raison s'étourdit complétement et je ne vois plus rien.

« Tantôt elle me dit de ces paroles d'une familiarité involontaire qui me frappent au cœur et font couler mon sang dans mes veines avec une douce chaleur, — puis, aussitôt après, elle laisse tomber un mot de froideur, d'indifférence, qui mêle de la glace à mon sang et me précipite des riants sommets où m'avaient enlevé les ailes de l'espérance.

« Je te prie de remarquer que je me sers ici des phrases d'usage et du langage consacré, sans t'autoriser pour cela à me croire amoureux.

« Madame d'Apreville est jolie; — je suis seul, dans les bois, pendant l'été; — la campagne en cette saison, si l'on n'y est amoureux, a l'air d'un magnifique cadre vide. On y met ce qu'on peut. — Mais de là à une de ces grandes passions des romans, il y a de la distance. Toute autre jolie femme, à la place de madame d'Apreville, pourrait tout aussi bien remplir le rôle qu'elle remplit dans cette petite comédie de l'amour qu'il faut bien jouer sur un théâtre tout prêt comme celui où nous nous sommes rencontrés : —

du soleil, de l'ombre, des arbres, des fleurs, des parfums, des chants d'oiseaux, des murmures du vent dans les branches et de l'eau sous l'herbe, les splendeurs du soleil qui se couche dans ses courtines de pourpre. — Allons donc ! les pierres s'aimeraient, s'il ne se trouvait pas là un homme et une femme. Voilà trois jours que j'essaie en vain de me faire adresser une question, la plus simple du monde.

« Je lui ai dit, il y a trois jours : — Je suis de mauvaise humeur, il faut absolument que j'aille à Paris. Je voulais me faire demander : — Y restez-vous longtemps ? — Elle n'a pas paru y songer. Elle m'a dit : — Je vous plains, par ce beau temps. Et sa voix n'ajoutait rien à cette phrase insignifiante. — La voix est une musique qui modifie singulièrement le sens des paroles. Grétry se chargeait de faire pleurer ses auditeurs en leur faisant entendre : « Bonjour, monsieur. » Il est clair qu'on peut dire : — Je vous plains, par ce beau temps, sur un air qui vous fasse entendre : « *Je nous plains*, — moi qui aimais tant à jouir avec vous de ce beau temps ; » — et le diable sait si c'est la souplesse ou l'harmonie qui manque à la voix de madame d'Apreville. — L'air n'a pas dit plus que les paroles, — et les paroles étaient sèches.

« Dix fois depuis trois jours, je suis revenu sur le sujet de mon départ. — Le plus près qu'elle se soit approchée de la question que je voulais entendre a été ceci : « Nous ne sommes qu'au commencement de l'été, » voulant dire que je verrais encore de beaux jours, mon absence fût-elle longue ou courte. — Et encore : « Me permettrez-vous de cueillir quelques reines-marguerites, quand elles seront épanouies ? je veux les peindre. » Or, les reines-marguerites ne seront pas épanouies avant six semaines. J'aurais pu, si j'avais été complaisant, dire : — Je vous les offrirai moi-même, je ne serai pas si longtemps absent, etc. — Mais non ; puisqu'elle s'opiniâtre à ne pas demander franchement ce qu'elle veut savoir, je m'obstinerai à ne point le lui dire.

« Elle a été moins réservée sur les causes de mon absence :

« — Je comprends, m'a-t-elle dit, qu'un homme du monde s'ennuie vite à la campagne.

« — Moi, madame ? dis-je en la regardant tendrement, ce n'est pas l'ennui qui me fait aller à Paris.

« — Ah ! dit-elle, vous y avez vos amitiés, — c'est bien naturel. » — Et comme elle avait dit cela d'un air froid et un peu piqué, je pensai avec raison que par « mes amitiés » elle entendait un sentiment plus tendre ; — je crus sottement devoir la rassurer :

« — Non, dis-je, ici je ne regrette rien : — ce sont des affaires qui m'appellent à Paris.

« Une petite moue dédaigneuse me rappela trop tard ces paroles d'Alphonse Karr : « Il y a deux choses que les femmes ne pardonnent jamais : le sommeil et les affaires. » Certes une femme ne serait pas tombée dans la même faute que moi ; — leur dureté, leur férocité, les sauvent de ces maladresses. — Une femme n'aurait pas perdu de vue que l'amant souffre d'une inquiétude, mais que l'amour n'en souffre pas : — le cœur a besoin d'être déchiré comme la terre pour recevoir la semence et produire la moisson.

« Elle m'aurait un moment détesté et haï si je lui avais laissé penser que j'allais à Paris pour voir une autre femme ; — mais après tout, cela lui aurait laissé voir un cœur tout consacré à l'amour — et valant la peine d'être pris, — tandis que je lui ai montré un esprit occupé d'affaires et faisant entendre raison à mon cœur ; — sa voix, son regard, m'ont fait comprendre que je venais par une seule parole maladroite d'être changé en quelque chose comme un crapaud ou pis encore, en quelque chose d'inerte et d'inanimé, une souche de bois ou une pierre:

« Et l'état où elle me laissa en me quittant me prouva encore mieux que j'aurais dû laisser à cette féroce imagination une petite inquiétude à grignoter pendant mon absence. Il ne tiendrait qu'à moi d'en emporter une. Mais pas de mauvaise plaisanterie. Ne faisons pas un duel d'un petit tournoi à armes courtoises. Ne nous laissons pas dominer par une petite campagnarde. Je pars, sans rien lui dire sur la durée de mon absence. Je la ferai assez longue pour l'inquiéter à son tour. Ah! vous êtes adroite : eh bien! nous jouerons le grand jeu. Je n'ai jamais vu en amour celui qui fuyait ne pas remporter la victoire. L'amour est une chasse où le chasseur doit se faire poursuivre par le gibier.

« A demain.

« RENÉ. »

Noëmi d'Apreville à Julie Quesnet.

« Le combat est engagé. — Dans une escarmouche qui a duré trois jours, je suis restée victorieuse. — Je ne sais si le grand séducteur a voulu user d'une petite absence et me prendre par la famine, ou s'il a réellement *des affaires* qui l'appellent à Paris. — Toujours est-il qu'il tenait beaucoup à juger de l'effet de cette absence volontaire ou forcée, et qu'il voulait m'en voir triste, abattue, inquiète. — Je n'ai même pas été curieuse : je l'ai au contraire assez rudoyé, et cela sans tactique; de la meilleure foi et surtout du meilleur cœur du monde. — Rien d'impertinent comme de parler à une femme des affaires par opposition à l'amour. Est-ce donc un jeu que l'amour? N'est-ce pas la plus importante des affaires ? — Même quand il nous plaît de prendre l'amour comme un jeu ou comme une distraction, nous voulons qu'il soit pour notre::: adversaire — la seule affaire de sa vie; — la coquetterie féminine a un peu de la voracité dédaigneuse de l'ours; qui ne mange que des animaux bien vivants.

« Ce départ est survenu la veille d'une des arrivées périodiques de Férouillat, — qui commande toujours ce bateau à vapeur et qui, grâce à Dieu, ne peut venir m'apporter ses hommages que tous les cinq jours. — Il m'a trouvée aussi irritée de sa présence que de l'absence de M. de Sorbières, et, ma foi! il a payé pour tous les deux. Ah! ma chère, il faut absolument avoir deux amants, — j'entends deux amants malheureux ; — autrement, ce serait immonde. On ne traduit sa faiblesse pour l'un que par sa force contre l'autre, — et cela ne compromet pas. — Ainsi, je défie bien M. de Sorbières de prendre avantage sur moi de l'ennui que me cause son voyage, — cet ennui ne s'expliquant que par mes duretés à l'égard du malheureux Anthime.

« Avec quelle noble dignité je l'ai accueilli ! — pas de brutalités, pas de caprices : — des réflexions sensées, des remords, un retour d'estime, de reconnaissance, de tendresse pour mon mari, — des reproches de sa conduite à l'égard de son ami qu'il a trompé en me faisant tomber dans le piége de ses séductions.

« Il était beau de voir l'épais personnage se défendre d'être un séducteur, protester contre l'accusation de piége. — Tu n'aurais pu tenir ton sérieux : — il m'a dit qu'il n'avait pas prémédité de trahir son ami, mais que, voyant cet abandon maladroit d'une jeune femme livrée au pillage, il avait fait comme le chien de La Fontaine, qui, ne pouvant défendre contre les autres chiens le dîner de son maître, se décida à en manger sa part. Il m'a reproché avec une assez touchante tristesse que « je ne l'aime plus — maintenant que cet amour est devenu son bonheur et sa vie. » J'ai protesté à mon tour contre toute accusation de caprice. — Non, je l'aime toujours ; mais la réflexion a épuré mon amour. — Soyez mon frère, lui ai-je dit, je vous aimerai sans remords.

« Il m'a donné de très-bonnes raisons pour ne pas accepter, mais j'ai été inflexible. — Je ne lui pardonnerai pas d'avoir usurpé, à la faveur de la solitude et de l'ennui, les bénéfices d'un amour dont il ne pouvait raisonnablement être l'objet. — J'ai contre lui la colère d'un homme qui s'apercevrait que son cocher conduit des bourgeois à l'heure et à la course dans sa calèche.

« Le soir j'ai parlé à Férouillat du ciel, des nuages, des séraphins, de l'âme, de la poésie ; — d'un amour saint et pur, si longtemps, qu'il en est tombé raide endormi sur un fauteuil. — Quand il s'est réveillé, j'ai recommencé inexorablement, il a fini par s'en aller en me disant : « Bonsoir ! madame, » avec l'inflexion qu'il doit mettre sur son navire aux jurons destinés à effrayer ses matelots.

En voilà pour cinq jours ; — je désire, pour lui, que d'ici à cinq jours M. de Sorbières soit revenu.

« Noémi. »

*Bérénice Breschet à M. René de Sorbières,
à Paris.*

« Monsieur, — cette dame qui vient tous les jours au jardin avec sa petite *demoiselle*, me charge de vous demander pour elle la permission de mettre sur le gazon, attachée à un piquet, une chèvre blanche qu'elle a achetée à Alain ; — je lui ai dit que si la chèvre était attachée, elle ne pourrait pas faire de mal, et qu'alors la permission était toute donnée, — mais elle s'obstine à dire qu'elle n'amènera pas sa chèvre sans votre consentement. Je vous fais, monsieur, écrire cette lettre par le maître d'école, — car vous savez que je n'ai pas le bienfait de l'écriture.— Le maître d'école vous présente ses respects ainsi que les miens.

« BÉRÉNICE, veuve BRESCHET. »

René de Sorbières à madame N. d'Apreville.

« Vous me croyez donc, madame, un propriétaire bien récemment, bien subitement et bien violemment entré dans la propriété, que vous me jugez si jaloux de mes droits et de mon herbe? — Il n'y a dans cette affaire que vos scrupules qui pourraient me fâcher. Mettez votre chèvre dans mon jardin ; — si vous l'attachez, vous sauverez les rosiers, les œillets, les violettes, qui sont à vous comme le reste. — Au lieu d'une chèvre, ayez-en dix, ayez-en vingt, et soyez la bergère de ce capricieux troupeau, — c'est moi qui vous remercierai. — Si les chèvres mangent les fleurs, il n'y aura plus de fleurs, et ce sera vous qui en souffrirez ; — moi, je vous regarderai, et je ne penserai pas à autre chose.

« Vous faut-il aussi une permission spéciale pour cueillir des bouquets? Alors, veuillez m'envoyer directement l'ordre de vous envoyer des permissions, — rue Taranne, 18.

« R. DE SORBIÈRES. »

Madame Noëmi d'Apreville à M. René de Sorbières.

« Non, monsieur, je ne m'établirai pas bergère dans votre enclos. Je n'aime ni la figure ni le costume des vraies bergères, et je pense que vous ne les aimeriez pas non plus ; — pour ce qui est des bergères d'Urfé et de Vatteau, — en jupe de soie rose et corset de soie verte, — il faudrait changer le décor préalablement, — vos arbres devraient devenir bleus et le ciel qui les couvre lilas ; — puis après, oseriez-vous venir dans cette bergerie avec votre costume à la mode d'aujourd'hui ?—Êtes-vous décidé à ne rentrer chez vous qu'avec une veste gorge de pigeon, des rubans flottants et des talons rouges? Sérieusement, vous avez une manière de donner des permissions assez adroites, si elle veut rendre les usurpatrices discrètes et timorées. — Vous me dites : Détruisez, brisez, gâtez tout, comme quelqu'un qui a désespéré de son jardin du jour où j'y ai mis les pieds.

« Je veux bien accepter la permission de me promener quelquefois dans le jardin d'un voisin de campagne, que cela ne dérange en rien, mais je n'accepte pas les fleurs, si ce n'est une de temps en temps que vous me donneriez vous-même quand vous me rencontreriez par hasard chez vous. — Je n'accepte pas le droit de gâter et de détruire. — Je n'ai à donner qu'un grand merci en retour de ce que j'ai accepté, — et ce ne serait pas assez pour ce que vous m'offrez.

« De plus, j'ai accepté cette permission de la part d'un homme animé pour la chasse d'une passion trop ardente pour ne pas être un peu malheureuse, — d'un de ces mortels qui ont mis leur cœur sous la protection de la chaste Diane, ennemie des amours.

« Je ne pourrais l'accepter de la part d'un homme du monde, qui se croirait obligé d'être poli et galant.

« A propos, voulez-vous des nouvelles de votre jardin? — il est plein de roses et de chants d'oiseaux, — le soleil se couche splendidement tous les soirs en face de la tonnelle envermillonnée, et les châtaigniers se dessinent en silhouettes noires sur la teinte orangée qu'il laisse à l'horizon; — les roses sentent bon, les oiseaux sont joyeux — absolument comme si le maître du jardin n'était pas absent — Dieu ou le diable savent jusques à quand; — cette ingratitude des arbres, des fleurs et des oiseaux, me paraît si laide que je m'efforce de vous regretter un peu, ne fût-ce que pour vous voir chasser de méchants enfants qui viennent de l'autre côté de la haie essayer de prendre des oiseaux dans des rets.

« N. D'Apreville. »

René de Sorbières à madame d'Apreville.

« Je vous remercie bien, madame, de la bonté

avec laquelle vous me donnez des nouvelles de mon heureux jardin. — Pendant que je lisais votre courte et charmante description, j'ai à vous demander pardon de n'avoir pu voir absolument que vous regardant tout cela. Vous seule pouviez me donner des nouvelles des roses et du soleil, deux choses trop communes pour que mes autres correspondants daignent y faire attention ; — c'était tout ce qui me manquait de renseignements, — car j'ai d'ordinaire une police très-bien faite. Voulez-vous que je vous en donne une seule petite preuve ? — Mais, si vous êtes curieuse, ce serait bien long d'attendre une réponse à votre réponse ; si vous ne me permettez pas de vous donner l'exemple en question de l'exactitude de mes renseignements, ne lisez pas plus loin, —brûlez cette lettre tout de suite, comme vous la brûlerez naturellement après l'avoir finie, si vous me permettez de continuer.

« Si vous avez regardé le coucher du soleil, mardi dernier, vous ne l'avez pas regardé seule ; vous aurez pu communiquer vos poétiques impressions et ne m'en envoyer que la seconde édition.

« Agréez, etc.,

« R. DE SORBIÈRES. »

Madame Noëmi d'Apreville à M. René de Sorbières.

« Vous êtes bien informé, monsieur, mais, si vous l'étiez mieux, vous sauriez que cela ne valait pas la peine de vous être rapporté, — ni surtout d'être dit par vous avec cet air solennel d'un homme qui a surpris un secret. — Hélas! je le voudrais, que ce fût un secret, je ne me serais pas tant ennuyée ce jour-là. — Si nous devenons jamais de vieux amis, je vous dirai qui était avec moi, et vous rirez comme moi des idées qui paraissent vous être venues à ce sujet. Ce bon M. Férouillat serait tout fier, s'il savait qu'on le prend pour un loup, lui qui n'ambitionne que le rôle de chien fidèle et un peu hargneux.

« Je ne donnerai plus de nouvelles à un homme qui laisse ici une police aussi vigilante. — Vous savez sans doute que le temps est affreux depuis deux jours, — que le soleil se couche derrière un vilain rideau gris, — et que ma fille me répète, pour m'empêcher d'aller à votre jardin où j'ai pris un bouquet de roses et un gros rhume, tout ce que je lui ai dit de choses ennuyeuses sur les dangers de l'humidité, du froid, etc. — J'avais espéré qu'elle attendrait, comme j'ai fait, à avoir des enfants pour leur rendre l'ennui des sermons que les parents font subir ; — si j'avais pu penser qu'elle me répéterait les miens à moi-même, il est probable que j'en aurais été un peu plus avare.

« Cependant, monsieur, malgré le mauvais temps qu'il fait ici, cela vaut encore mieux que la grande ville, et, pour vous prouver que je n'ai aucun ressentiment contre les pauvres indiscrétions de votre police, je forme pour vous le souhait que vos affaires ne vous y retiennent pas trop longtemps.

« N. D'APREVILLE. »

René de Sorbières à Augustin Sanajou.

Août.

« Comme elle avait persévéré à ne pas me demander dans ses lettres : « Quand revenez-vous ? » je m'étais opiniâtré, de mon côté, à ne pas répondre à ses questions indiscrètes. J'étais chez moi à l'attendre elle-même, lorsqu'elle attendait, sans doute, une lettre de Paris. Je l'attendis inutilement tout le jour. Puis vint l'heure où le soleil disparaît derrière les châtaigniers. Il y avait de gros nuages noirs avec de larges franges de feu rouge. Au-dessus, sur un ciel bleu pâle et limpide, glissaient de petites fleurs de nuées roses. Au-dessus, et plus loin du soleil, des nuées roses, des nuées lilas; puis, le reflet du soleil ne parvenant pas plus haut, des nuages gris vaporeux et comme mousseux qui n'étaient pas autrement colorés. De loin, on entendait le coassement de quelques grenouilles, qui auraient troublé seules par intervalle le silence du bois, s'il ne fût venu par bouffées une vieille chanson que chantait, en pressant ses bœufs pour terminer son sillon avant la nuit, un laboureur sur la côte derrière laquelle descendait le soleil, ainsi que derrière les châtaigniers. Le laboureur, la charrue et les grands bœufs formaient sur le ciel rougi une silhouette noire nettement découpée.

« J'entendis derrière moi un léger bruit de pas; je me retournai et aperçus madame d'Apreville, qui ne témoigna sa surprise de me trouver là que par un sourire presque affectueux qui illumina son charmant visage. Elle me tendit la main, puis ne fit aucune allusion à mon absence. Elle était seule. — Esther est un peu malade, me dit-elle, mais j'ai voulu cependant ne pas manquer de voir coucher le soleil : je n'y manque presque jamais.

« Le lendemain elle vint à la tonnelle avec sa fille

et resta fort longtemps, — puis le jour d'après je ne la vis pas du tout. Je fus un peu inquiet; la veille, pendant qu'elle était sous la tonnelle, quelques promeneurs ou chasseurs avaient jeté sur nous, en passant, un regard curieux.

« Aussi, quand elle est venue hier, — je lui ai dit : Les deux jours qui viennent l'un de s'écouler, l'autre de se traîner, m'ont suggéré des réflexions différentes que j'ai décidé de vous soumettre. — Pourquoi n'êtes-vous pas venue hier?

« Elle releva la tête avec fierté.

« — Je ne vous demande pas de réponse; — je vais la faire moi-même. Peut-être aviez-vous quelqu'un chez vous, et avez-vous dirigé votre promenade d'un autre côté? — Ne vous fâchez pas, vous verrez que la conclusion sera parfaitement respectueuse de ma part et commode pour vous.

« — Eh bien ! dit-elle en souriant, c'est vrai, j'avais chez moi un ami de mon mari, et j'ai dirigé ma promenade du soir d'un autre côté.—Le soleil s'est couché assez maussade, il m'a semblé qu'il n'était beau que quand on le voyait d'ici.

« — Vous n'êtes pas venue ici parce que vous avez craint mon indiscrétion : il peut arriver que vous

vous trouviez avec des personnes auxquelles vous n'ayez pas l'intention de dire quelles connaissances vous avez faites; — il peut arriver que vous craigniez des interprétations sottement malveillantes;—il se peut aussi que, venant seule ici, vous ne soyez pas disposée à causer, qu'il vous plaise d'assister seule à la fin du jour, ou d'y promener des rêveries dont il vous serait pénible d'être réveillée ; — il se peut que vous ne veniez qu'avec l'intention de promener votre jolie Esther, et que ma présence perpétuelle vous fasse quelquefois hésiter. — J'ai compris que, dans mon intérêt, je devais me montrer plus discret que je ne l'ai été jusqu'ici, car j'aime mieux ne vous voir que de loin, que de ne pas vous voir;—j'aime mieux, sans vous voir, vous savoir là, sous cette tonnelle, que de ne pas savoir où vous êtes.

« Mais, d'autre part, si je suis trop discret, je serai à moi-même un cruel ennemi ; —je veux être assez discret, mais pas trop. Si je dois mesurer moi-même ma discrétion, c'est-à-dire juger quand ma présence ne vous sera pas désagréable, je serai nécessairement victime de la modestie qu'on doit faire semblant d'avoir. Ce serait pour moi une perte très-affligeante que celle de quelques instants où j'aurais évité de m'approcher de vous, et pendant lesquels vous m'auriez supporté sans ennui. — Eh bien ! pour que vous soyez sûre que je serai assez discret, il faut que vous ayez l'indulgence de m'empêcher de l'être trop. — Dans cette position, je veux vous proposer un traité : je ne vous aborderai pas, — je ne vous saluerai pas, — je ne manifesterai pas que je vous vois, que vous ne m'ayez fait comprendre par un signe quelconque que vous me le permettez. — En un mot, comme vous, madame, vous ne pouvez pas douter du plaisir que j'aurai d'être auprès de vous, — c'est vous qui désormais ferez toutes les avances.

« A ces mots, elle a un peu froncé le sourcil, — le plus charmant sourcil du monde ; — puis elle a réfléchi un instant et m'a dit d'un air très-sérieux :

« — Vous avez raison, cela vaut beaucoup mieux ; — vous avez raison, même, c'est indispensable.

« Comme elle partait : — Je vous dis adieu, madame, car, d'après notre traité, auquel je serai parfaitement fidèle, il ne dépend plus de moi de jamais vous parler.

« Elle me tendit la main et me dit : — Au revoir !

« Ma promesse faite, j'avisai aux moyens de la tenir sans que cela me coûtât trop. — Dans une autre partie du jardin, à l'opposé de la tonnelle, est cette sorte de petite chaumière où tu te cachais pour assassiner des becs-figues, — et qui sert l'hiver à abriter les outils de jardinage et à mettre à couvert du froid quelques héliotropes frileux, quelques jasmins et quelques géraniums délicats.

« Je passai un peu de la nuit seul et toute la matinée avec des ouvriers à me faire de cette cahute une sorte de cabinet de travail où je puisse me réfugier. — De là, je pourrai la voir sans être vu. — De plus, quand les jours vont diminuer, quand il va faire un peu plus froid; — je lui abandonnerai cette cabane et me réfugierai dans la maison; — c'est une transition préparée pour qu'elle puisse, quand viendra l'hiver, entrer dans la maison; — de la tonnelle à la maison le passage serait trop brusque. Je ne sais si elle a voulu essayer et mettre à l'épreuve ma soumission à notre traité; mais le jour même, c'est-à-dire il y a quelques heures, elle est venue sous la tonnelle avec sa fille et une sorte de servante; — elle m'a salué de loin d'un air réservé, — j'ai rendu respectueusement le salut, et je n'ai plus regardé de son côté; — je suis entré dans la cabane, puis j'en suis ressorti et suis allé dans le bois avec mon fusil sans même retourner la tête. Je pense qu'elle a dû s'approcher de la cahute après mon départ et regarder ce que c'était. — Je l'avais laissée ouverte pour favoriser cette curiosité, et aussi pour que cela tînt au moins autant que la tonnelle de la maison, — je ne suis rentré qu'à la nuit. — T'avouerai-je que je suis allé sous la tonnelle où je l'avais vue et que je suis resté très-tard? Ensuite, je n'avais pas sommeil, — et je t'ai écrit. — Maintenant je suis fatigué et je te dis bonsoir. Voici le jour — et les oiseaux qui chantent.

« R. DE S. »

René de Sorbières à Augustin Sanajou.

« C'était au milieu du jour; — comme j'étais dans la cahute, elle envoya Esther m'appeler. — J'arrivai auprès d'elle avec empressement.

« — Me pardonnez-vous de vous déranger? dit-elle.

« Je répondis par un sourire qui devait exprimer suffisamment que je lui pardonnais.

« — Nous voudrions, continua-t-elle, planter des pervenches dans notre petit jardin, et nous voulons vous demander la permission d'en arracher quelques touffes.

« — Je vous en choisirai moi-même que je vous enverrai demain matin.

« — J'avais un peu peur de la pluie, me dit-elle en me montrant des vapeurs sombres qui montaient à l'horizon.

« Je répondis de l'air et du ton le plus indifférent que je pus prendre :

« — Si par hasard vous vous trouviez surprise par la pluie, il y a là une cahute où l'on serre les outils de jardinage où vous trouverez un abri.

« Elle me regarda fixement et d'un air interrogatif.

« — A moins, continuai-je, — ce qui vaudrait mieux, — que vous fissiez l'honneur de frapper à la maison et de vous y mettre à couvert.

« J'agissais en ce moment comme ce député qui, voulant obtenir un bureau de tabac pour sa vieille servante, demandait en même temps la pairie pour lui-même, — afin qu'on lui accordât la première chose pour adoucir le refus de la seconde.

« L'offre hardie de la maison rendit toute simple et toute modeste l'offre de la cahute sur laquelle on se replia. — Elle s'inclina légèrement sans répondre. — Tenez, dis-je, voici où *on* met la clef. — Par ce *on*, je voulais faire comprendre que c'était un endroit banal appartenant à la vieille Bérénice et au jardinier autant qu'à moi. — Puis, je la saluai et partis, laissant la cahute ouverte, — car je voyais l'orage monter.

« Je m'enfonçai sous les arbres. — Bientôt de larges gouttes d'eau tombèrent avec bruit sur les feuilles.— Puis les éclairs sillonnèrent le ciel, puis le tonnerre gronda au loin. — Je reçus toute la pluie avec une joie profonde. — Évidemment elle avait dû profiter de l'hospitalité de la cahute ; — elle y était entrée une fois,—c'était tout.—Les jours plus courts qui allaient venir, la fraîcheur des soirées, ne l'empêcheraient pas de venir à mon jardin comme je l'avais redouté.

« Bientôt, — un vent léger chassa la nuée, le bruit du tonnerre s'éloigna, — le ciel reparut bleu et limpide, le soleil changea en diamants étincelants les gouttes de pluie restées sur les feuilles, — et il ne resta de l'orage qu'une douce senteur exhalée du feuillage des chênes et des fraisiers sauvages. Je rentrai chez moi,—il n'y avait personne, mais la cabane était fermée et la clef accrochée à la place que j'avais indiquée.

« Le lendemain matin, je lui envoyai quelques touffes de pervenche, — et une bécasse que j'avais tuée auprès de l'étang.

« Vers deux heures, j'ai trouvé dans la cahute un livre et une tapisserie dans un petit panier; — elle est venue, elle reviendra; — veut-elle que je le sache? — veut-elle seulement ne pas porter le panier? Comme je méditais sur ce problème, elle arrive avec sa fille ; elles sont allées se promener dans le bois.— Elle entre dans la cahute et s'assied. — Mais l'enfant a faim et veut s'en aller.—Elle tâche d'apaiser l'inexorable bamboche ; elle lui dit de lui cueillir un bouquet. — Elle me remercie des pervenches. Pour ce qui est de la bécasse, c'est une vengeance, ou du moins une réhabilitation; elle se rappelle qu'elle m'a une fois accusé de passion malheureuse pour la chasse.—C'est par fatuité que je lui envoie du gibier. — Du reste, elle a fait en moi une excellente connaissance. — Non-seulement je lui donne un abri et des fleurs; il ne manquait plus que de nourrir elle et sa famille.—L'enfant revient avec un bouquet; elle la renvoie en lui disant: « Cherche encore un peu de réséda. » — J'offre à manger à l'enfant; il doit y avoir à la maison quelque chose. — « Oh! non, dit la mère, elle n'accepterait pas autre chose que son dîner. — Elle ne tombera pas dans le piége des *à peu près* et des *atermoiements*. Non-seulement il faut partir, mais encore elle va bien me gronder. »

« En sortant de la cahute, je lui montrai le ciel chargé de nuages. — Adieu, madame; lui dis-je, — je crains bien que le mauvais temps me prive tantôt et demain du bonheur de vous voir. — Elle me répondit : — Adieu, monsieur; jusqu'au premier rayon de soleil.

« Elle avait encore le lendemain sa fille avec elle, — je la trouvai dans la cahute, — elle me dit : — Ma fille veut absolument aller voir l'étang dont elle vous a entendu parler. — Je résiste; non pas que j'espère obtenir qu'elle renonce à l'ordre qu'elle m'a intimé, mais parce que je résiste assise, et que je me repose un peu en attendant que je cède.

« Elle se leva et me dit : — Venez-vous avec nous? vous nous empêcherez de nous perdre, ce sera bien assez pour moi de faire le chemin.

« Le sentier pour descendre de mon jardin à la forêt est un peu glissant : je lui offris mon bras ; — elle cessait de s'y appuyer chaque fois que le chemin devenait plus facile, et elle marchait seule.

« Je lui ai demandé un livre qui l'embarrassait pour relever sa robe dans la grande herbe ; — un peu plus tard, elle m'a donné d'elle-même à porter un bouquet de digitales sauvages que sa fille avait cueillies. Nous avons fait le tour de l'étang; on voyait au milieu les larges feuilles et les belles fleurs blanches du nénuphar, le lis des étangs. Elle les admira longtemps, puis elle donna le signal du départ:

Je les laissai partir et s'engager dans le bois. J'attendis quelques instants, puis je me déshabillai, me jetai à l'eau et allai cueillir trois ou quatre fleurs de nénuphar; puis je me rhabillai et ne tardai pas à les rejoindre, mon bouquet à la main. Elle fut surprise et toute joyeuse.

« — Je n'oserai plus rien admirer devant vous; me dit-elle; si j'admirais une étoile, je vois bien que vous iriez me la chercher, et je sais que vous la rapporteriez; mais ce serait un voyage trop long.

« — A propos de voyage, lui dis-je, mes maudites affaires me rappellent à Paris.

« — Vous avez souvent des affaires! dit-elle avec une petite moue de dédain.

« — Non, repris-je, ce sont toujours les mêmes; — c'est que l'autre fois elles m'ont ennuyé. — Je voulais revenir ici; je me suis enfui sans rien dire et les ai laissées là.

« Un peu après je lui demandai son nom: — Elle

me répondit avec un peu de surprise et de hauteur :
— On m'appelle madame d'Apreville !

« Puis elle ajouta après un moment de silence, et avec un peu moins de sécheresse : — Je m'appelle Noëmi, — je vous dispense de dire que c'est un très-joli nom, je ne l'aime pas ; je le trouve prétentieux : — mais qu'est-ce que cela vous fait ?

« — Et pourquoi cela vous fâche-t-il, madame ? Vous savez bien que je ne vous appellerai jamais Noëmi ni tout haut ni en votre présence. — Elle ne répondit plus, et me quitta avec un peu de raideur.

« Tu vois que je n'oublie pas mes affaires, comme tu me le reproches ; je partirai vendredi.

« RENÉ. »

René de Sorbières à Augustin Sanajou.

Septembre.

« C'était à une heure où elle ne vient pas d'ordinaire, — j'étais assis dans la cahute et je lisais, lorsqu'on frappa à la porte ; elle était seule, elle me dit : — J'ai bien froid, voulez-vous de moi ?

— En effet, le temps était gris et triste ; — j'ouvris avec empressement ; j'étais un peu ému.

« Elle me dit : — Esther a voulu aller visiter une de ses petites amies, mais c'était trop loin pour moi, — je l'ai envoyée avec sa bonne ; — alors je me suis ennuyée et je suis venue ici malgré le vilain temps.

« Je ne savais que lui dire ; comme elle avait froid, j'avais fermé la cabane. — Il y avait plus d'amour que de réserve dans les pensées qui roulaient dans ma tête. — Rien de ce que je pensais ne pouvait se dire, — ou du moins n'osait se montrer au dehors : — je cherchais dans ce que je ne pensais pas un sujet de conversation, et je ne le trouvais pas.

« Elle me dit : — Vous allez partir ; quand reviendrez-vous ?

— « Enfin ! m'écriai-je presque involontairement.

« Elle me regarda d'un air d'étonnement.

« — Qu'a de singulier cette question ? demanda-t-elle.

« — Rien, sinon que vous ne l'ayez pas faite plus tôt.

« — Eh bien ! est-ce une raison pour que vous ne me répondiez pas ?

« — Puisque cette question vous coûte tant à faire, je vais vous dire de quoi vous en dispenser à l'avenir : chaque fois que je m'absenterai d'ici, vous pouvez être sûre de deux choses : la première, c'est que je m'en vais malgré moi ; — la seconde, c'est que je reviendrai le plus tôt possible... au plus tard.

« Nous commençâmes à *déballer*. Je lui parlai de mon enfance, de mon isolement actuel.

« Elle me parla de son mari. — On l'a mariée fort jeune à un homme qui, relativement, ne l'était pas. — M. Hercule d'Apreville aime passionnément sa femme ; — elle n'a pu être insensible à un dévouement de tous les instants. — Elle n'avait pas de fortune, lui en avait acquis une petite suffisante pour vivre à la campagne : — mais elle a manifesté le désir de vivre à Paris, et il a repris la mer qu'il avait abandonnée depuis son mariage ; afin d'augmenter suffisamment son capital.

« — Maintenant, dit-elle, comment lui dirai-je que j'aime mieux rester à la campagne ?

« Je la regardai, — mais, ou elle a un art infini pour déguiser et laisser en même temps entrevoir sa pensée, — ou cela n'avait rien de ce qu'un amoureux aurait voulu y voir ; — le ton et la voix témoignaient une profonde indifférence, et, comme si ce n'eût pas été assez, elle ajouta : — Ce pays est beau ; on découvre tous les jours de nouveaux charmes à la nature, et je crois le séjour de la campagne meilleur pour Esther. — Par un contraste bizarre, — si elle avait dit d'un ton froid qui en détruisait la valeur le commencement de sa phrase, qui pouvait me donner de si douces espérances, elle mit sur ces dernières paroles si froides une si douce musique, que je crus entendre : — Je t'aime !

« Puis elle revint sur la tendre estime et la profonde reconnaissance qu'elle éprouve pour son mari. — Elle me fit une énumération de vertus et de qualités dont aucune n'est nécessaire pour l'amour, puis elle ne dit plus rien.

« Je restais également silencieux.

« On frappa à la porte, — j'ouvris et je vis paraître un homme ; — madame d'Apreville se leva, — devint rouge, — lui tendit la main, et lui dit : — Eh quoi ! c'est vous ! — Puis, se tournant de mon côté : — Je vous présente M. Anthime Férouillat, — et au personnage : — M. René de Sorbières. — Nous nous inclinâmes tous deux, — moi d'un air froid, lui d'un air grognon.

« — Quel plaisir de vous voir aujourd'hui, mon ami ! dit-elle, et quelle charmante surprise ! — Vous m'aviez écrit que vous ne feriez pas ce voyage... Et comment m'avez-vous trouvée ici, — où monsieur a bien voulu me donner un peu d'hospitalité contre le froid !

« — Vous trouvez qu'il fait froid ? — dit sèchement M. Anthime Férouillat en essuyant son front rouge et trempé de sueur.

« Evidemment M. Férouillat était de mauvaise humeur ; évidemment madame d'Apreville lui prodiguait les airs de chatte caressante et haineuse pour éviter qu'il me laissât voir une mauvaise humeur, qu'elle jugeait avec raison plus compromettante encore que ses prévenances exagérées à elle ; évidemment le quidam n'était pas dupe de cette petite rouerie. Mais madame d'Apreville continuait à le traiter avec un ton d'amitié tel, — qu'il y aurait eu, en effet, de quoi détourner les soupçons qu'on aurait pu concevoir — sur un sentiment qui se manifeste moins volontiers en dehors.

« — J'espère, dit-elle, que vous venez dîner avec moi.

« — Oui, si cela ne vous dérange pas.

« — Mille remercîments, monsieur, me dit-elle, de votre gracieuse hospitalité.

« Les mots et le ton voulaient dire à M. Férouillat : — Je vois ce monsieur pour la première fois.

« Il me salua avec mauvaise humeur — et se mit en route.

« — Donnez-moi donc votre bras, — mon ami, — lui dit-elle ; — elle me fit un salut gracieux, — passa son bras dans celui de M. Anthime Férouillat, — et je les vis disparaître tous les deux.

« Je restai atterré, écrasé, furieux.

« Evidemment cet homme est son amant. Mais en même temps elle avait la conscience qu'elle le trahissait. — Deux révélations à la fois : elle l'a aimé, elle m'aime.

« Et moi je la hais.

« RENÉ. »

Augustin Sanajou à René de Sorbières.

« Ah, çà ! mon beau don Juan, te voilà sérieusement amoureux !

« AUGUSTIN SANAJOU. »

René de Sorbières à Augustin Sanajou.

« Parbleu !

« R. DE SORBIÈRES. »

Noémi d'Apreville à Julie Quesnet.

« Où en étais-je restée la dernière fois que je t'ai écrit, — ma bonne Julie ? — Ma foi ! si je laisse des lacunes, tu pourras bien suppléer ce que j'aurai oublié. — D'ailleurs, autant, quand un amour est mort, on aime à reporter son esprit en arrière et à rappeler les moindres circonstances, autant, quand il s'agit d'un amour naissant, on se soucie peu d'hier et on s'occupe de demain.

« Je suis triste aujourd'hui, — et voici pourquoi : j'avais jusqu'ici été fort protégée par le hasard contre les visites d'Anthime Férouillat. A l'un de ses voyages, il avait plu tout le jour, et nous n'avions pas mis les pieds dehors, — ce qui ne m'avait pas empêchée de renvoyer ledit Anthime à dix heures du soir. — A un second voyage et à un troisième, M. de Sorbières était à Paris, et j'avais trouvé doux d'aller rudoyer Anthime là précisément où je sentais le mieux l'absence de son rival, — c'est-à-dire de le mener promener à la tonnelle. Je ne sais comment M. de Sorbières l'apprit, mais il m'écrivit de Paris que j'avais été voir coucher le soleil avec un homme.

« Il est à peu près impossible de ne pas tromper les hommes ; ils ne nous demandent pas autre chose que d'être trompés. Ils ont dans la tête un type de femme bizarre qui ne ressemble en rien à une vraie femme, et auquel il faut s'arranger pour ressembler, sous peine de ne pas obtenir leur précieuse approbation. — Il n'y a pas de religion qui soit aussi hardie dans les miracles qu'elle offre à la crédulité de ses adeptes que le culte que ces messieurs veulent bien nous rendre. Une religion sans miracles et sans croyances contraires à la nature et à la morale ordinaire des choses n'aurait aucune chance de s'établir. — Les femmes qui sont les plus hardies à feindre d'être semblables à la figure mythologique qu'il plaît aux hommes de donner à la femme de leurs rêves sont celles qui ont le plus de succès. Il ne faut reculer, sous ce rapport, devant aucune absurdité. Ainsi un homme qui fait à une femme l'honneur de s'occuper d'elle oublie à l'instant même tout ce qu'il sait le mieux à l'égard des femmes en général.

« Cette femme eût-elle trente ans et quatre enfants, — il lui fera des questions insidieuses pour savoir si vraiment elle n'aurait pas gardé jusqu'au hasard de sa rencontre avec lui une précieuse virginité et une complète innocence ; —laissez tomber par hasard la date de la naissance d'un enfant ou toute autre circonstance qui établisse la preuve que vous êtes la mère de cet enfant, — il sera de mauvaise humeur, triste, comme si vous lui enleviez une illusion ; — il vous détestera un moment de n'avoir pas fait quelque gros mensonge dont il avait faim. — Dites-lui, si vous voulez, que votre mari vous a toujours traitée en sœur, que de vos quatre enfants, l'un était à lui dès avant le mariage, et que vous l'avez généreusement adopté, — que le second a été trouvé dans votre escalier, et que vous en avez pris soin pour ne pas rejeter un devoir que vous imposait la Providence ; — dites que vous avez fait semblant d'être enceinte du troisième pour des raisons que vous ne pouvez encore lui dire, — et pour le quatrième, ne reculez pas, si vous voulez, devant le conte que l'on fait aux enfants, que vous l'avez trouvé dans le jardin, sous un chou, — il vous répondra par des paroles d'incrédulité. — Mais dites-lui alors que ce n'est pas vrai, — que vous êtes en effet la mère de vos enfants et que votre mari en est le père, — vous le verrez désespéré, furieux, — il allait vous croire ; — vous pourrez alors sans inconvénient nier la vérité à son tour et revenir à la feuille de chou.

« C'est ce qui fait qu'il est facile à une femme de se faire adorer, — mais presque impossible de se faire aimer. Les hommes nous hissent dans des niches dont ils ne nous laissent pas descendre, — alors l'idole, au moindre mouvement, tombe et se brise.—Ils donnent des plaisirs à notre vanité, mais rarement du bonheur à notre cœur.—Le rôle qu'ils nous imposent est facile à jouer, — tant qu'il y a entre eux et nous la rampe, — et derrière nous les coulisses où nous pouvons nous habiller et nous reposer ; — la perspective nous sauve. — D'ailleurs nous n'avons pas de choix ; — une actrice qui ne mettrait ni blanc ni rouge au milieu de toutes les autres qui s'en enluminent, eût-elle le teint le plus frais et le plus pur, — paraîtrait une taupe pâle. Une femme naturelle au milieu de la comédie que jouent les autres, ferait à messieurs les hommes l'effet d'une effrontée drôlesse.

« Mais, une fois qu'ils ont obtenu *leurs entrées* sur le théâtre et dans les coulisses, — naturellement l'illusion cesse, ils ne nous aiment plus parce que nous ne pouvons plus les tromper. Certes, si j'avais répondu la vérité à M. de Sorbières quand il m'écrivit que j'avais été voir coucher le soleil avec un homme ; si je lui avais dit comment j'avais été là immoler le Férouillat, — ce sacrifice à la divinité absente auraiteu de quoi le flatter; — s'il m'avait considérée comme une femme de vingt-cinq ans, mariée à un homme de cinquante qui voyage, comme une femme qui nécessairement, ne sachant pas qu'elle rencontrerait M. de Sorbières, devait avoir un amant; — mais non, il a mieux aimé se contenter de ceci : « Vous rirez bien, si plus tard je vous dis ce que c'était que l'homme qui était avec moi. » Il n'en a pas demandé davantage. — Je vais dans une heure mettre sa crédulité à une épreuve qui ne m'inquiète en rien. Il me fallait expliquer Anthime Férouillat, — et voici comment :

« L'autre jour, Anthime m'avait écrit qu'il ne ferait pas le prochain voyage, qu'une affaire le retiendrait et qu'il laisserait le commandement du navire à son second.

« J'avais profité de ma liberté, et j'étais allée jaser avec M. de Sorbières; — nous étions à une des phases les plus charmantes de l'amour; on voit un homme vous dire avec ses regards qu'il vous adore, et en même temps trembler devant votre courroux présumé, et chercher pour en parler les choses les plus insignifiantes; mais ces choses sont modifiées par le timbre de sa voix altérée et plus basse que de coutume, et vibrant sympathiquement par l'accent involontairement tendre et poignant:

« Il semble un acteur qui vous chanterait la fable du *Loup et de l'Agneau* — sur l'air le plus tendre et le plus ardent de la *Favorite*, — « Son amour m'est rendu: » On ne tarde guère à ne plus entendre les paroles, et il s'élève dans le cœur une musique céleste, — une voix qui s'accorde avec l'autre pour produire une divine harmonie.

« C'est ce moment qu'a choisi, pour frapper à la porte de la cabane et pour produire sa figure, — Anthime Férouillat, — absolument comme une fausse note de la clarinette dans un orchestre, — ce que les musiciens appellent un *couac*.

« J'ai présenté M. Anthime Férouillat à M. René de Sorbières, et M. René de Sorbières à M. Anthime Férouillat. — Cette présentation a paru leur faire à tous deux un égal plaisir; — seulement, Anthime était furieux et tout près d'être grossier, — René était douloureusement étonné. — Ma position n'était pas facile: — obligée de jouer à la fois deux rôles différents pour deux publics mal disposés, — je m'en suis tirée de mon mieux. — Je voulais empêcher Férouillat de faire un éclat, et en même temps ne pas laisser prendre l'inconvenance de son arrivée pour un acte d'amant jaloux. — Je ne pouvais donc pas m'en fâcher devant M. René. — Il fallait le traiter en bonhomme bourru et mal élevé, — que l'on aime cependant beaucoup à cause de quelques qualités estimables : — le recevoir mal aurait été avouer la position réelle ; — le recevoir à moitié bien n'aurait pas été plus habile. J'ai manifesté de son arrivée une très-grande joie ; je l'ai traité avec cette familiarité que les femmes accordent aux hommes qu'elles appellent « sans conséquence. » Une fois que je n'ai plus eu qu'un public, je me suis vengée sur Férouillat.

« D'abord j'ai écrit à René : — Rapportez-moi ce soir à onze heures le livre que j'ai laissé chez vous. — Anthime a dîné avec moi, puis il voulait me faire nier René. — Cet homme vous fait la cour, me disait-il, — et il accumulait toutes sortes de preuves qui auraient fait honneur à sa clairvoyance, s'il avait su qu'il voyait clair, — preuves parfaitement irréfutables, si j'avais voulu les réfuter au lieu de lui en laisser le soin à lui-même. — Oui, lui dis-je, M. de Sorbières me fait la cour, — ajoutez que je l'aime et qu'il est mon amant. — Mais c'est impossible! reprit alors Férouillat, — vous, Noëmi, vous!

« — Pourquoi impossible? vous venez d'en donner des preuves irréfutables. — Seulement vous comprenez que je ne puis avoir deux amants, — et qu'il ne vous reste qu'à m'oublier.

« — Non, s'écria-t-il en fureur, — je ne vous oublierai pas, je le tuerai, et je vous tuerai aussi, ou j'écrirai ce qui se passe à Hercule.

« — Très-bien; vous n'oublierez pas non plus de commencer par le commencement, — ou plutôt, je m'en charge, je lui dirai ce que son ami a fait du dépôt confié à son honneur.

« — Voyons, Noëmi, parlons sérieusement; voyons votre imprudence à l'égard de ce godelureau, — voyez comme les apparences vous accusent!

« — Qu'appelez-vous des apparences? — M. de Sorbières m'aime, et je l'aime aussi.

« Alors Férouillat plaida parfaitement en faveur de mon innocence, et il me prouva à moi-même qu'il n'y avait aucun mal réel dans ce que j'avais fait, mais des « inconséquences. » Les hommes ont eu la bonté d'adopter ce barbarisme inventé par les femmes.

« Puis, graduellement, il en est venu à me demander pardon de ses soupçons injustes et injurieux.

5

« Mais c'est ici que se placerait, si je pouvais te le raconter, ce qui me rend mortellement triste. — Je ne voulais pardonner à Anthime que s'il retournait immédiatement à son bord. — Lui ne voulait s'en aller que si je lui pardonnais, — mais il voulait de mon pardon des preuves que je ne voulais pas, que je ne pouvais pas lui donner. — L'heure s'avançait. Neuf heures, — neuf heures et demie. — Férouillat s'était assis avec cette attitude de souche opiniâtre que je sais inexorable. — Il ne serait pas parti, — et René allait venir... On frappe doucement à la porte. — C'est René.

« NOÉMI. »

Noëmi d'Apréville à Julie Quesnet.

« La vérité est que je n'avais pas oublié de livre chez René, — mais il m'en rapportait un néanmoins ; il le posa sur une table — et me regarda d'un air mélancolique et en réalité fort touchant : — « Asseyez-vous, monsieur, lui dis-je, — je vous dois une explication, et c'est pour vous la donner que je contreviens ce soir à une promesse que j'ai faite à mon cher et excellent mari, — et à laquelle rien ne m'aurait fait manquer sans l'acte sauvage de son ami.

« Je vous ai dit, monsieur, combien la conduite de mon mari a été admirable à mon égard ; — j'éprouve pour lui des sentiments où il entre de la reconnaissance et une tendresse peut-être filiale et fraternelle, — mais, quelle que soit la composition de ce sentiment, je dois, je veux n'en pas admettre d'autre dans mon cœur ; — d'ailleurs, si parfois j'ai soupçonné que ce n'était pas tout à fait de l'amour, et qu'il y a autre chose dans le monde, je n'en suis pas tout à fait sûre, et je veux continuer mon incertitude à cet égard.

« Je vous ai rencontré, vous êtes obligeant, — vous avez de l'esprit ; nos âges et nos caractères se rapprochent ; — le plaisir que j'avais à vous rencontrer était tellement pur, que je ne m'en suis pas défiée, — je l'aurais écrit à mon mari par la première occasion que j'aurais trouvée. — Cet excellent Anthime Férouillat...

« — N'est-ce pas, me dit-il, ce malotru personnage qui tantôt...

« — Monsieur, dis-je avec dignité, — vous voudrez bien parler avec plus d'égards de qui que ce soit qui sera chez moi à titre d'ami de mon mari.

« — Qui que ce soit — me dit-il — veut dire M. Anthime Férouillat ?

« — Pour le moment, monsieur.

« — Très-bien, nous l'appellerons donc « qui que ce soit, » aussi bien je ne m'habituerais jamais à ce nom de Férouillat.

Je me mordis les lèvres pour ne pas rire, — mais je continuai :

« — Cet excellent Anthime Férouillat ; — mais il faut que je vous dise qui il est. — Anthime Férouillat a été longtemps au service maritime avec mon mari, c'est son compagnon d'armes et son ami. — Je suis confiée à sa garde, monsieur ; il a été chargé par M. Hercule d'Apreville — de me protéger contre tout et contre tous, et au besoin contre moi-même ; — il joue, en un mot, le rôle de chien de berger, mais, à l'exemple de ce fidèle animal, il mord quelquefois la brebis qui s'écarte du chemin ; — c'est ce qui est arrivé tantôt. — Sa probité, à l'égard du dépôt qui lui a été confié, a plus de sollicitude que n'en aurait la jalousie, dans laquelle il entre toujours de l'amour qui la tempère. — M. Férouillat ne m'aime pas et est cependant craintif, défiant et hargneux. — Je l'ai entendu dire qu'il se brûlerait la cervelle, s'il ne pouvait dire à son ami à son retour : « Voici ta femme comme tu me l'as laissée, » de la façon dont un dépositaire rend une somme : — Voici vos mille francs, dans le même sac, lié avec le même cordon ; — vous pouvez reconnaître le nœud que vous avez fait vous-même.

« Eh bien ! M. Anthime est plus féroce dans ses craintes que ne le serait un homme qui serait jaloux pour lui-même.

« — Oui, dit-il, qui que ce soit est comme un huissier, toujours plus féroce que le créancier qu'il représente.

« Le ton de M. de Sorbières me déplaisait. — Il était arrivé abattu ; mais, depuis que je me justifiais, il devenait ironique et incrédule. — Je crus devoir le replacer dans une situation plus humble :

« — M. Férouillat m'a éclairée : — les relations que j'ai laissées s'établir entre vous et moi ne sont pas aussi innocentes que je le croyais ; du moins, elles prêteraient au soupçon et à la médisance. — Je vous ai fait venir pour vous déclarer que je suis décidée à les faire cesser entièrement. Nous ne nous verrons plus.

« M. René n'avait plus envie de plaisanter.

« Après un moment d'accablement, il reprit, ou du moins montra de la dignité, mêlée d'un peu d'ironie :

« — Qui que ce soit a raison, madame ; je vous aime.

« — J'ai donc raison aussi de ne plus vouloir vous voir.

« — Oui, si vous ne m'aimez pas.

« — Je ne vous aime pas.

« — Dites-le-moi encore une fois, que je l'entende dans mon cœur.

« Et il ferma les yeux, comme un fanatique de musique qui ne veut pas être distrait.

« — Je ne vous aime pas, monsieur.

« — Ce n'est pas du tout cela, dit-il en rouvrant les yeux ; vous avez par moment une voix douce, fluide, pénétrante, qui descend par les oreilles dans le fond du cœur ; et celle avec laquelle vous me parlez en ce moment est sèche et ne passe pas les oreilles. Votre voix pénétrante, sereine et bleue comme votre regard, la voix de Noëmi me dit dans le cœur que vous m'aimerez, et l'autre, la voix impérieuse et sans couleur de madame d'Apreville, ne la contredit qu'aux oreilles. Il faut que votre voix aille dire que vous ne m'aimez pas là où les échos de l'autre disent que vous m'aimerez.

« Je souris et lui dis d'une voix plus calme.

« — Je ne vous aime pas, monsieur.

« — Ah ! très-bien, j'entends à présent ; vous ne m'aimez pas. — Eh bien ! moi, je ne crois pas à l'amour sans espoir. — Mon amour va mourir tué par cette parole. — Je le sens qui est mort.

« Je frissonnai. M. de Sorbières allait plus vite et plus loin en ce sens que je n'avais eu l'intention de le conduire. — Lui-même avait alors une voix doucement et cruellement pénétrante avec laquelle il eût été charmant d'entendre dire : — Je vous aime.

« — Il est mort, dit-il, c'est dommage, — c'était un noble et poétique amour. — Et il me fit de cet amour mort une oraison, un éloge funèbre si touchant, il me le rendit si regrettable, que j'en fus touchée et cessai de jouer.

« — Pardonnez, madame, si je vous parle de ce pauvre amour mort, — c'est la première et la dernière fois.

— Ah ! dis-je presque malgré moi, — vous en parlez bien, monsieur. Je ne pouvais l'aimer, mais je puis bien le regretter une fois, et comme il recommençait, — je me mis à pleurer. — Ce qui me faisait pleurer, c'était la nécessité de repousser encore cet amour, ou du moins de ne lui donner, dans cette soirée, qu'un rôle sacrifié ; c'était surtout l'impossibilité où m'avait mise l'opiniâtreté de cet odieux Férouillat de répondre à René : — Je vous aime aussi. Mais il fallait lui faire prendre le change sur la cause de mes larmes.

« — Je pleure de honte, dis-je, d'avoir, par un moment de folie, écouté avec une apparence de plaisir ce discours qui devrait m'offenser.

« Je dus prendre beaucoup sur moi pour ajouter : — J'ai peut-être manqué à mes devoirs d'épouse en vous écoutant jusqu'au bout, monsieur ; — n'espérez pas voir deux fois cette faiblesse. — Je puis avoir pour vous, monsieur, une sincère amitié, mais à la condition que cet amour, dont vous venez de faire l'oraison funèbre, est parfaitement enterré, — j'ai peur des revenants et je ne les aime pas. — Bonsoir, monsieur.

« Avec moins de rigueur et de sécheresse, il m'aurait répondu, il aurait insisté, et je lui aurais dit : — Je vous aime. Il fallait le piquer, pour qu'il ne m'attaquât plus du côté que je sentais faible ; c'est ce qui eut lieu. — Il se leva sans parler, me salua et s'en alla, me laissant très-triste, très-accablée, ne me consolant que par la pensée que, grâce à Férouillat, il me fallait ce soir-là être dure, sèche et malheureuse, ou immondé et infâme ; et rendant grâce à Dieu, cependant, de ce que je n'avais été que dure et sèche, — et de ce que je n'étais que malheureuse. Il était trois heures du matin quand René est sorti.

« NOÉMI. »

Noëmi d'Apreville à Julie Quesnet.

« Ah ! ma chère enfant ! j'ai voulu jouer avec l'amour... ça brûle, ça brûle jusque dans la moelle des os.

« J'aime René de toutes les forces à la fois et de toutes les faiblesses de mon âme. Je l'aime tellement, et cet amour m'élève si haut l'esprit et le cœur, que, lorsque je le vois à mes pieds, c'est de bonne foi que je le repousse, — c'est de bonne foi que je lui offre une simple amitié. Mais c'est que je souffre horriblement, à penser que la seule preuve d'amour convaincante, irréfragable que je puisse lui donner, je l'ai donnée déjà à un homme vulgaire, et que je ne puis faire pour l'homme que j'adore avec tant de raison que ce que j'ai fait pour Férouillat, parce qu'il était là et que je m'ennuyais.

5.

LA PÉNÉLOPE NORMANDE.

« J'aime René et je le repousse, — et je lui dis : — Je ne vous aime pas, et je le repousserai tant que je pourrai! Oh! que je le hais ce Férouillat! Le moindre mal que je rêve pour lui, c'est une mort prompte et violente.

« Cette chambre où il n'est entré qu'une fois est restée pleine de lui. — Comme elle est embaumée des fleurs qu'il m'a laissées en partant! — car il est parti.

« Mais les femmes n'attachent pas assez de prix à elles-mêmes, — elles ne pensent pas assez à se garder pour l'homme qu'elles aimeront; — Elles se donnent parce qu'on les aime d'une façon qui leur plaît, et quand vient le moment où elles aiment elles-mêmes, elles n'ont plus rien à donner, que les restes et les os d'un festin où se sont assis des indifférents.

« Que faire, que devenir? — Quand j'aurai dit à René : Je vous aime, ce mot déchirera et brûlera le voile qui couvre mon cœur et mes pensées; — je ne pourrai plus lui cacher la vérité sur Férouillat, je serai trop à René pour soutenir un mensonge. — Acceptera-t-il comme une expiation suffisante mon désespoir de ne pas l'avoir attendu? — Si je lui dis que j'aimais Férouillat, — il se demandera à quoi sert d'être beau, spirituel, noble, — puisqu'on pouvait avoir cette femme au prix qu'y pouvait mettre le Férouillat, — puisqu'elle a aimé Férouillat.

« Si je lui dis que je ne l'aime pas, — il me méprisera encore davantage. — Les hommes attachent à notre possession un prix que nous ne comprenons bien que lorsque nous aimons. — Il ne comprendra pas qu'on cède aux désirs qu'on inspire, — parce qu'on croit que l'amour consiste uniquement à être aimée, et que l'on choisit non pas l'homme qu'on aime, mais celui qui vous aime de la façon qui nous plaît le plus. — C'est une sorte de tradition alors qui nous guide pour le reste. Sait-on mauvais gré aux sauvages de danser au son d'un tambour quand ils ne connaissent pas d'autre musique ? — Savais-je que j'aimerais ?

« Non, il faudra que je persévère dans mon mensonge, — et cela gâte et empoisonne mon amour. — Et, d'ailleurs, comment faire ? Férouillat, si je le repousse tout à fait, s'exaspérera, — fera des sorties qui diront clairement ce que je veux cacher, et je perdrai même le bénéfice de la sincérité.

« — Si je ne le repousse pas, — me partagerai-je entre lui et René ? — Oh ! non, jamais ! — et d'ailleurs encore, — comment dirai-je à René de ne pas me voir tous les cinq jours? Tant que je me préserve et me défends avec des phrases sur ma fidélité, — que je devrais à mon pauvre Hercule, je puis faire passer Férouillat pour un gardien vigilant; — les heures auxquelles la prolongation de ces visites donnerait un sens cruellement clair, n'appartiennent pas à René et ne gênent pas nos relations actuelles.

« Ah! oui, — c'est de bonne foi, — c'est du meilleur de mon cœur que je voudrais le voir se contenter, non pas d'une amitié qu'il refuse, — mais d'un amour si pur, si noble, si complet, que je sens dans mon cœur, en laissant de côté, en dédaignant ce qui a été profané par Férouillat. — Je suis tout heureuse que René soit à Paris. — De loin, je puis, j'ose l'aimer, — je puis ainsi doubler cet amour de cruautés et d'avanies pour le détestable et le détesté Férouillat. Le bruit de ses ridicules gémissements n'ira pas jusqu'à mon bien-aimé et ne le réveillera pas du rêve. — Hélas! où il me voit belle, honnête et pure, comme je meurs de chagrin de ne pas être.

« Ah! Julie! — toi qui n'as pas encore aimé, garde-toi, conserve-toi pour l'homme que tu aimeras. — Si tu savais comme alors on devient précieuse à soi-même, — comme on se sent riche et conséquemment avare de tout ce qu'il aime en nous! de quel or suprême on croit ses cheveux quand on a senti les regards de son amant s'arrêter voluptueusement sur eux! quelle valeur on attache soi-même au contact de cette main sur laquelle on l'a vu cueillir un plaisir dont il a frissonné en y posant ses lèvres! — Alors, on sait qu'on a des regards dans lesquels on verse au cœur d'un autre une céleste ambroisie; alors, on devient ménagère de ses regards, on ne veut s'en servir que pour lui, — on ne voudrait parler que pour lui, parce qu'on sait qu'on a dans la voix une céleste musique qui lui fait frissonner le cœur. Oh! heureuse la femme qui s'est gardée! mais rien ne nous avertit de nos richesses; — nous éparpillons, nous dépensons les diamants, les rubis et les émeraudes, comme du billon et des sous de cuivre, — et nous n'en savons la valeur que lorsque nous avons jeté les derniers, ou lorsque ceux qui nous restent ont perdu leur titre à cause de la prodigalité qui les a rendus vulgaires.

« Aujourd'hui, je ne sens ma richesse passée — que par ma ruine et ma misère. — J'ai jeté aux mendiants des chemins toutes mes splendeurs, toutes mes richesses, tout mon bonheur — et je n'ai plus rien à donner à celui que j'aime ; — je ne savais pas que j'aimerais, — je ne savais pas qu'on aimait, je croyais qu'on était seulement aimée ; je ne savais pas que j'avais en dépôt — les richesses et le bonheur de René ; — le voilà qui arrive, et j'ai tout dépensé, tout perdu, je n'ai plus rien !

« — Ah ! si j'avais su cela, aurais-je épousé Hercule, — aurais-je... — Ah ! que je hais ce Férouillat, — et je suis à lui ! Ah ! René est loin, — je puis braver Férouillat ; ce n'est pas de lui que j'ai peur, — il dira tout à mon mari s'il le veut, mais pourvu que René ne sache rien... ne sache rien. — Il faut donc que je le trompe... Je ne puis même me donner entièrement à lui, lui donner mon cœur et ma pensée comme ma personne sans le perdre !

« Ah ! Julie, je suis bien à plaindre !

« Heureusement René est à Paris, — je voudrais qu'il y restât toujours ; je puis, à ma fantaisie, et l'aimer et haïr Férouillat.—Je puis prolonger cette situation au delà de laquelle je ne vois que le désespoir.

« Noémi. »

René de Sorbières à Augustin Sanajou.

« J'ai agi en écolier. — Elle ne veut pas de mon amour, elle m'offre son amitié, — et je refuse. — Je veux l'amour ou rien.

« Je refuse bêtement de prendre avec elle ce petit sentier de l'amitié, sinueux comme un serpent, et sur lequel on marche lentement, cueillant ici une pâquerette fatidique pour l'effeuiller, là un wergissmeinnicht pour le dessécher dans son livre de messe, — mais qui, au bout du compte, conduit exactement au même but que la route directe, pavée et carrossable, — qui porte sur un poteau un écriteau avec ces mots : — Route de l'amour.

« Je m'obstine à combattre à l'entrée de cette large route, je veux entrer par la grille ou ne pas entrer du tout, — par le chemin le plus court, — ou m'en retourner, — et je ne pense pas que, si on cédait à mon opiniâtreté, — j'aurais, en comptant le temps du débat, — mis plus de temps à arriver que si je m'étais résolûment engagé dans le chemin le plus long, mais dont j'aurais déjà mesuré la moitié, avant le temps où j'aurais eu obtenu de prendre l'autre.

« Je ne sais si les femmes sont de bonne foi quand elles vous proposent de vous donner de l'amitié au lieu de l'amour que vous leur demandez, — ou si c'est un moyen de prolonger la fin d'un empire qu'elles vont abdiquer, — ou encore si c'est un faux-fuyant inventé par la vanité d'un vaincu, comme les témoins de celui qui cède en imaginent dans les duels qui s'arrangent.

« Toujours est-il que j'ai autrefois formulé cet aphorisme, qui, sous une forme dont Rabelais, Montaigne, Molière, n'auraient pas hésité à se servir, — cache un enseignement assez moral — que la bégueulerie moderne particulière aux époques de corruption voudrait déguiser sous quelque périphrase hypocrite.

« L'amitié est un grand chemin sur lequel on détrousse les hommes et on trousse les femmes.

« Cette question de l'amitié, si lestement résolue alors pour moi, est arrivée après des péripéties que je te conterai après-demain à Paris. — Je ne te dis ce qui précède que parce qu'il faut que je t'écrive en t'envoyant des papiers qui ont besoin d'être remis à mon avoué avant mon arrivée. — Hier, j'ai revu madame d'Apreville, elle m'a fait un sourire très-gracieux, — m'a tendu la main et m'a dit : — Bonjour, mon ami. — Il est évident qu'on ne vous appelle pas

« mon ami » de cette voix-là quand on ne veut faire de vous qu'un ami.

« Cela m'a rendu furieux de ma sottise : — pourquoi ne pas la laisser me conduire où je veux, par le chemin qu'il lui plaît de choisir ?

« Il m'a fallu continuer mon rôle, tout mauvais qu'il est.

« Je n'ai pas répondu.

« Elle menait sa fille, qui va faire sa première communion, à la prière du soir, à l'église. — Elle dit : Je suis fatiguée, et elle prit mon bras. — On entendait la cloche, nous marchions lentement; elle s'appuyait sur moi avec confiance; — à la porte de l'église, elle me dit : — N'est-ce pas que vous êtes mon ami ? — Je la saluai, et m'en allai en lui disant adieu.

« Je partirai demain vers neuf heures du matin, et conséquemment sans la revoir.

« RENÉ. »

Noëmi d'Apreville à René de Sorbières, à Paris.

« Votre adieu de l'autre soir était si sec, que je n'avais pas deviné que c'était un adieu.

« Aussi ai-je pris, pour une intention de l'adoucir,

ce bouquet de magnolias que j'ai trouvé dans votre cabane, — et dont elle était tout embaumée. — Grâce à votre soin de les mettre dans l'eau, dans ce charmant petit vase de Chine dont je me suis également emparée, les fleurs étaient aussi fraîches que si vous me les aviez données vous-même en venant de les cueillir.

« Je devais vous remercier de vos belles fleurs, — et j'allais borner là ma lettre, — quand j'entends du bruit en bas, c'est ma servante qui se querelle avec le facteur de la poste — à cause du port de votre lettre. — Quarante sous ! — elle prétend que ce ne doit pas être une lettre, — que ç'a l'air d'un paquet, et que ces choses-là se mettent au roulage. — Il faut mon intervention pour qu'on prenne la lettre. — Je vais m'entretenir avec elle, — je verrai plus tard si je dois ajouter quelques mots sur ce qui me reste de papier blanc.

« *Dix heures du soir.* — Je suis un peu plus touchée qu'il ne faut de ce carnet entier sur lequel vous m'avez écrit au crayon pendant les quatorze heures de votre voyage. Je devrais me gronder d'en être touchée ; mais j'ai une certaine inclination à rejeter sur d'autres les torts qu'il m'arrive d'avoir. C'est donc à vous que je m'en prends.

« Écoutez-moi; vous me parlez une langue qui me bouleverse le cœur ; je la comprends, elle me charme, mais il m'est impossible de la parler. Vous me dites que vous m'aimez et que vous êtes triste. Vous dire encore une fois que je ne vous aime pas, ce serait une dureté, et je ne veux pas être dure. Vous dire seulement que je suis triste aussi, ce serait vous donner une espérance, et je n'ai rien à vous faire espérer.

« Je ne m'appartiens plus : que voulez-vous donc que je vous donne? Je ne suis pas heureuse : laissez-moi être honnête, c'est-à-dire ne pas être désespérée. D'ailleurs, j'aime mon mari. La pensée de sa tendresse, de ses bons procédés, me revient sans cesse. Les femmes qui vivent dans le tourbillon du monde n'ont pas les mêmes raisons qu'une solitaire comme moi — de tenir au net les comptes de leur conscience; elles n'ont guère le temps d'y regarder; mais pensez à la vie que je mène, et vous verrez que je ne suis pas dans les conditions de me permettre des infamies. — Vivant beaucoup avec moi-même, je tiens particulièrement à ne pas faire de ma personne une trop mauvaise compagnie.

« Tenez, sérieusement, si vous étiez là, je prendrais une de vos fortes mains dans les deux miennes — et

de ma voix la plus douce et la plus persuasive, de celle que vous appelez ma voix bleue, je vous dirais :
— Je vous en prie, tâchons de devenir amis, puisque nous ne nous sommes pas rencontrés à l'heure où nous aurions pu prendre une autre route; — n'est-ce pas que vous ne voulez pas que nous devenions deux indifférents, deux étrangers?—C'est ce qui aurait nécessairement lieu cependant, si vous vouliez vous opiniâtrer à chercher l'héroïne de grandes aventures en moi qui n'ai que l'étoffe d'une amie assez gentille et très-bonne femme, — et qui oserait vous aimer beaucoup, si vous ne vouliez pas qu'elle vous aimât plus qu'elle ne le doit, ou plutôt, autrement qu'elle ne le doit.

« Vous voyez, par le commencement de cette lettre, que j'ai prévenu vos désirs, — j'ai pris le bouquet et le vase, — je le garderai comme un cher et doux souvenir qui ne me quittera jamais, — à condition que ce sera la date de la naissance de notre amitié, sinon, je le briserai et vous en enverrai les morceaux, — et je ne vous pardonnerai pas le chagrin que cela me donnera.

« Je vous écris, ma fenêtre ouverte. — Il vient du fond de la vallée une délicieuse petite brise, — il me semble que ce sont les fleurs de votre jardin qui m'envoient un peu de leurs parfums de votre part.

« Aidez-moi à changer en intimité douce et facile des relations qui, par votre faute, font mine de nous apporter toutes sortes de chagrins, — sinon la chose sera impossible, si vous n'y travaillez pas avec autant de bonne volonté que moi.

« N... »

René de Sorbières à Noëmi d'Apreville.

« Qu'est-ce donc que cette amitié dont vous faites si grand bruit, madame ?

« L'amitié console, — et votre amitié n'aurait à me consoler que de votre inimitié, — je n'ai de chagrin au monde que ce qu'il vous plaît de me donner.

« Si j'allais dire à un ami : — « Je meurs d'amour pour une femme, cette femme, tu peux me la donner ?»

« Croyez-vous que mon ami hésiterait ?

« Me consoler ! Vous ressemblez à ce chirurgien peu satisfait de sa clientèle, qui, le soir, embusqué près de sa maison, enveloppé d'un manteau, donnait des coups de couteau aux passants, et allait vite attendre chez lui qu'on les lui apportât à panser.

« Au lieu de me consoler de mes chagrins, — faites-les cesser.

« Donnez-moi la femme que j'aime.

« Ou bien vous n'avez pas pour moi d'amitié.

« L'amitié que vous me proposez est un marché frauduleux, par lequel vous prenez ce qui vous plaît en moi, sans me donner en échange ce qui me plaît en vous.

« Vous n'avez pas d'amitié pour moi, — puisque vous reculeriez devant l'épreuve du plus simple devoir de l'amitié.

« René. »

Noëmi d'Apreville à René de Sorbières.

« Mes trois magnolias, dont l'un seulement commence à jaunir et à se rouiller par les bords de ses pétales, me regardent si doucement et en même temps avec tant d'entêtement, qu'il me semble que c'est vous qui êtes là à me regarder, — et je me sens oppressée sous ce regard. Qu'êtes-vous donc? Quelle étrange et fatale influence exercez-vous sur ma pauvre organisation? — Je ne vous aime pas, — et je souffre de votre amour, — je souffre peut-être de ne pouvoir vous aimer, — mais je ne puis vous aimer. — N'achevez pas de me rendre impossible ma solitude. — Si vous étiez là, ce serait à mon tour d'être à vos genoux, pour vous demander grâce, et vous verriez bien que c'est une âme en détresse qui vous prie.

« Croyez-vous que je ne l'ai pas fait comme vous, ce rêve éblouissant, — qui met dans une triste nuit tout le reste ? — Mais ce rêve est un remords douloureux, un doux poison répandu sur ma vie. Parce que nous ne pouvons être amants, est-ce à dire que nous devons être étrangers, indifférents, ennemis ? Essayez un peu de mon amitié, — vous la verrez si tendre, si dévouée, si exclusive ! — vous n'en pouvez juger tant qu'elle a peur, — tant qu'elle marche d'un pas hésitant sur un terrain où elle vous voit creuser des trappes et tendre des piéges.

« Savez-vous à quoi j'ai passé mon temps aujourd'hui ? — à me quereller avec Esther qui, sous prétexte que je ne l'ai pas condamnée à l'infirmité qu'on apprend aux enfants de ne se servir que d'une main, ce qui équivaut, selon moi, à l'habitude qu'on leur donnerait de ne marcher qu'à cloche-pied, — veut faire le signe de la croix indifféremment de la main droite ou de la main gauche, — et me demande des raisons ;

— si vous en savez, dites-les-moi — pour ne pas me laisser battre sur ce terrain par cette petite.

« Nous sommes allées ensuite à votre cabane ; — j'ai admiré un des plus beaux couchers de soleil que j'aie vus, — mais l'inexorable Esther m'a rappelée à l'ordre quand l'heure du dîner est arrivée. — Cette fille m'élève bien sévèrement.

« Puis, ce soir, je vous griffonne ces deux pages, — que je ne vais pas relire, dans la crainte d'avoir trop envie de les brûler, car je me trompe fort, ou elles contiennent un peu plus de contradictions qu'on n'en fait tenir ordinairement dans deux pages ; — choisissez dans ce fouillis ce qui pourra vous donner une bonne impression.

Noémi. »

Noëmi d'Apreville à René de Sorbières.

Il fait ce matin un temps étrange, il pare notre village d'une toilette nouvelle qui ne lui sied pas mal ; — l'air est blanc et épais, et le soleil, dont le disque est rouge, glisse et insinue au travers des rayons un peu incertains ; les oiseaux, qui s'y connaissent, pensent que le soleil va dissiper ces brumes d'automne, car ils chantent comme lorsqu'ils saluent la naissance d'une belle journée. — Oh! les ingrats oiseaux qui chantent ainsi quand le maître est absent! — Oh! les ingrates fleurs, les marguerites, les roses d'Inde, — que j'aimerais mieux appeler les roses d'or, elles s'épanouissent éclatantes, comme s'il n'y avait pas d'absent là-bas, comme s'il n'y avait personne de malheureux ici!

« De quelles splendeurs la nature se pare en cette saison! — Il y a des jours où la vue de ces belles choses que nous aimons tant tous les deux — me calme et me fait trouver qu'il fait encore bon vivre après tout; — mais malheureusement il m'arrive d'autres jours de m'en irriter contre moi et contre vous, qui jetez dans mon esprit tant de trouble, dans mon cœur tant d'anxiétés et tant d'émotions qu'il m'est défendu d'accueillir; par moment je me sens céder un peu à vos mauvaises raisons, — alors je m'enferme, tournant le dos à la fenêtre; il me semble que cette calme et belle nature ne veut pas qu'une telle indigne la regarde — et je me mets à pleurer de tout mon cœur.

« Nous sommes bien malheureux tous les deux, n'est-ce pas? Quelques années plus tôt, si nous nous étions rencontrés, nous aurions fait un bonheur sans égal avec tout ce qui nous sert à composer cette profonde misère à laquelle je ne vois pas de fin, — puisque vous ne voulez pas m'aider à me tromper en appelant amitié un sentiment que je repousserai tant que vous n'y aurez pas fait certains retranchements indispensables. Pour occuper mon temps pendant votre absence, j'ai retiré Esther de l'école; je lui apprends une foule de choses que je ne sais pas. Comme j'étais d'une santé délicate, mon père m'avait donné un petit cheval et la permission de courir dessus loin de l'école. C'est comme cela que je n'ai rien appris de ce qu'il faut que j'enseigne aujourd'hui, mais je crains qu'Esther ne s'aperçoive de mon ignorance; l'indulgence n'est pas son fort, et je vais me mettre en campagne pour trouver un génie démonstratif qui vienne ici me remplacer. — Vous voyez bien que, malgré mes interminables jérémiades, je suis encore un peu gentille pour quelqu'un qui met une telle persistance à m'aimer. Il est midi, le soleil a triomphé de la brume. Esther m'intime l'ordre de la conduire à la cabane; vous savez bien que je pense à vous là encore plus que partout.

« Vous m'avez donné une part de votre jardin, une

part de vos fleurs, une part de votre soleil ; — et moi, que vous ai-je donné en échange, — à vous qui ne voulez pas de mon amitié ? — Ne m'en veuillez pas, la plus belle fille du monde ne peut donner que ce qu'elle a, — et moi je n'ai que du chagrin ; ce n'est pas ma faute si vous voulez absolument en prendre votre part et ne prendre que cela.

« Adieu ! — écrivez-moi ; — ne me dites pas que vous êtes amoureux, — à quoi cela sert-il ? Croyez-vous que je n'y pense pas ? Cela n'est pas généreux, vous avez l'air d'un homme qui parlerait obstinément de son parc et de ses bois à quelqu'un qui n'aurait qu'un pot de giroflée sur sa fenêtre.

« Noémi. »

René de Sorbières à Noëmi d'Apreville.

« Je ne vois pas le grand malheur qu'il y aurait pour la giroflée à descendre de sa fenêtre dans le parc, — à y trouver de bonne terre et de bon soleil.

« Ce n'est que par orgueil qu'elle veut rester dans la terre maigre et aride de sa prison de faïence, — et c'est un orgueil bien mal fondé que celui qui pousse une giroflée à languir et à s'étioler.

« Pour la propriétaire de la giroflée, c'est être bien avare que de ne pas accepter la société dans laquelle l'un apporte le parc et l'autre son pot de fleurs. — Le premier promettant beaucoup de reconnaissance en forme d'appoint, — c'est abuser étrangement de la passion du propriétaire du parc qui n'a pas de giroflée.

« Il ne faut pas être si fière parce qu'on ne vit pas, parce qu'on n'a qu'un cœur froid et des sensations émoussées. — C'est peut-être très-heureux d'être mort, mais ce n'est pas une raison pour être si dure et si dédaigneuse pour ceux qui ont l'infériorité d'être encore vivants.

« RENÉ. »

Noëmi d'Apreville à René de Sorbières.

« Gardez votre parc, — je garderai ma giroflée. — Votre invitation à la planter dans votre beau jardin de vie et d'amour est un piége — pour deux raisons ?

« 1° Les giroflées ne sont jamais si belles, si riantes, que dans les fentes des murailles, — vivant plus dans l'air que sur la terre, et buvant la rosée;

« 2° Nous connaissons les horticulteurs et ce dont ils sont capables, — vous auriez bien vite changé ma pauvre et chère giroflée en quelque autre chose. — Vous en feriez une fleur double; — je veux qu'elle reste simple. — Dieu sait quelle couleur vous lui imposeriez en place de cette belle couleur d'or qui lui a été donnée ainsi que sa forme et sa situation sur les hautes murailles, pour se détacher comme une étoile sur le ciel bleu.

« C'est une mauvaise action de parler si légèrement des morts, — c'en est une bien plus mauvaise encore d'essayer de les faire revenir à la vie dont ils se sont échappés. — Les vrais morts ne souffrent plus ; — moi je suis très-malheureuse, — très-malade, et j'ai pour me consoler cette lettre ironique et dédaigneuse.

« Vous êtes fâché contre moi, — mais ce n'est pas, il me semble, une raison suffisante pour avoir emporté d'ici le soleil et le bleu du ciel ; — il fait un temps affreux, — un temps à donner le spleen aux pinsons. — Si le vent dure encore une journée, vous ne trouverez plus de feuilles aux arbres, et ce sera dommage ; celles des vignes vierges sont du rouge des rubis, — celles des cerisiers, orangers, comme des topazes.

« Avez-vous du chèvrefeuille à Paris ? — Non, — en voici un brin que j'ai cueilli hier chez vous. —

G.

Quand j'aurai soixante ans, alors que vous accepterez les honnêtes délices de la sainte amitié, nous rirons de ces romanesqueries ; — je veux que vous ayez à recevoir cette fleur autant de plaisir que j'en ai eu à vous l'envoyer ; — à la distance où nous sommes, je n'ai pas peur de vous ; je ne sais si la route fatigue l'amour, mais il arrive ici tout pareil à l'amitié.

« Si vous ne me parliez pas opiniâtrément d'amour, je vous dirais ici : « Je vous aime, » — mais vous seriez capable de donner à ces mots un sens que je ne veux pas qu'ils aient. — Je ne veux pas que mon amitié arrive là-bas changée comme votre amour. — Quand on voyage en poste, lorsque deux postillons se croisent et se rencontrent à moitié route, ils échangent leurs chevaux ; chacun prend la voiture de l'autre et retourne ainsi à son point de départ. — Je crains que nos deux messagers n'imitent un peu les postillons en question, — ce qui nous induirait tous deux en erreur, — en nous inspirant, à moi une confiance et une sécurité dangereuse, — à vous des espérances qui nous feraient beaucoup de mal à tous les deux.

« Adieu. Je vous *serre la main avec mon cœur.* — Cette mauvaise phrase est prétentieuse et révoltante ; mais, ma foi, tant pis ! je ne recule devant aucun moyen pour vous prouver que j' n cœur, — vous en avez douté.

« Quel malheur que cette manie de ne pouvoir rencontrer une femme sans lui parler d'amour ! — Si vous saviez comme cela me gêne avec vous ! — Que de bonnes choses j'aurais à vous dire que je tiens soigneusement renfermées !

« Il faut y renoncer tout à fait. — Etes-vous musicien, pour comprendre ma comparaison ? — Si nous ne pouvons nous mettre et vivre dans le même ton, au lieu d'une même harmonie, nous ne ferons jamais que tintamarre et charivari.

« C'est plus doux, plus tendre, plus enivrant, je l'avoue, de chanter en *mineur ;* mais que voulez-vous ! je suis *majeur* jusque dans les os. — Je ne changerai pas. c'est à vous à vous mettre d'accord.

« Adieu encore une fois. — Je me défie des grands parcs, où l'on peut faire de mauvaises rencontres ; mais je ne vous défends pas d'aimer un peu les giroflées. — Ne les arrachez plus, ne les volez pas, — voilà tout ce qu'on vous demande.

« NOÉMI. »

Noëmi d'Apreville à René de Sorbières.

« J'ai des chagrins à moi, et puis j'ai les vôtres dont il faut bien que je prenne ma part ; — c'est plus qu'il n'en faut pour être fort triste.

« Quand vous êtes loin, je vais très-régulièrement à votre cabane regarder la forêt et le soleil couchant ; — il me semble que je dois regarder et aimer ces belles choses pour nous deux. — Hier, je trouvai les fenêtres de la maison ouvertes, comme si vous y étiez ; je n'ai compris que c'est un soin de Bérénice, pour aérer votre appartement, qu'en recevant ce matin votre lettre qui m'apprend que vous passerez encore quinze jours là-bas.

« J'espère que vous êtes à Paris très-ennuyé, très-triste ; — si je vous y croyais heureux, il ne m'en faudrait pas davantage pour me faire vous détester complétement. — Je m'ennuie de vous.

« Noémi. »

René de Sorbières à Noëmi d'Apreville.

« Quand vous recevrez cette lettre, je serai en

route, et le même jour, à dix heures du soir, je serai à votre porte.

« RENÉ. »

René de Sorbières à Augustin Sanajou.

« Je pleure de rage. — Cette femme est une coquine, cette..... Il faut que je me remette pour te raconter..... tout à l'heure.

« .... Hier, je suis arrivé à neuf heures et demie chez moi ; — mais quel a été mon étonnement en retrouvant dans ma valise la lettre que j'avais écrite à madame d'Apreville pour lui annoncer mon arrivée, et que j'avais chargé ton Benoît de mettre hier à la poste ! — Je ne sais si c'est lui, — si c'est moi, — mais l'étourderie était faite. — Contrarié un moment, je pensai ensuite avec plaisir que je la surprendrais plus agréablement et davantage en apparaissant à son désir de me voir, comme le *Percinet* des contes de fées, chaque fois que *Gracieuse* pense à lui. — Je me dirigeai donc vers sa demeure. — Comme j'allais faire le tour du jardin pour gagner la porte principale, je m'aperçus que la petite porte était entr'ouverte. — Il était dix heures et demie ; — cette circonstance m'inquiétait ;—elle attendait quelqu'un,..., et à coup sûr elle ne m'attendait pas, puisque j'avais ma lettre dans ma poche ; — je poussai la porte et j'entrai dans le jardin, après avoir refermé la porte sans bruit ; puis j'allai vers la maison : — le petit salon était éclairé et plein de fleurs, — il avait un air de fête qui me fit froid au cœur ; — elle n'y était pas ; — je sortis et la vis qui se promenait dans le jardin , — en regardant du côté de la porte d'entrée, — qu'elle ouvrit en ayant soin de ne pas faire de bruit, et qu'elle referma après avoir jeté les yeux sur le chemin. — Sa servante dormait, — elle était seule, — elle attendait... — cette chambre parée et parfumée attendait aussi. — Alors apparurent à mes yeux toutes les fantasmagories qu'a si vite fait d'évoquer un esprit en proie à la jalousie. — Je rentrai dans le salon, il y avait du papier sur une petite table, — et je me mis à écrire :

« Il est onze heures moins un quart à votre pendule, j'écris ces mots dans votre salon ; — je m'en vais pour ne pas vous déranger. »

« Je me levais pour m'en aller sans bruit,—je la vis debout et pâle à la porte du salon, — elle me regardait écrire.

« — Enfin, — me dit-elle d'un air serein, calme et

heureux, — j'ai cru un moment que vous n'arriveriez pas.

« Et elle me tendit la main. — Au lieu de baiser cette main, je la pris sans la serrer, je m'inclinai avec un air de politesse froide, je touchai la lettre par laquelle je lui avais annoncé mon arrivée pour m'assurer qu'elle était bien dans ma poche.

« — Ces paroles, répondis-je, veulent-elles dire que vous m'attendiez?

« — Mais elles me paraissent assez claires. — Qu'avez-vous? — Regardez ces fleurs, voyez, tout ne vous dit-il pas ici que je vous attendais?

« — Il est vrai que je vous avais annoncé mon arrivée par une lettre.

« — Je ne l'ai pas reçue.

« — Je le crois; elle est dans ma poche. — Comment alors m'attendiez-vous?

« — Je vous attendais si bien, que, si vous n'étiez pas arrivé, je ne vous aurais peut-être jamais revu de ma vie. Comment! une femme que vous prétendez aimer plus passionnément qu'elle ne le veut vous écrit : « Je m'ennuie de vous, » et vous n'arrivez pas auprès d'elle dans le temps strictement nécessaire pour faire la route? On la ferait rien que par respect humain. — Ma lettre partie, j'ai commencé à compter les heures et à vous attendre.

« — Mais vous étiez pâle...

« — C'est sans doute le froid que j'ai ressenti dans le jardin en regardant sur la route ; — en marchant, même en rond, il me semble qu'on va au-devant des gens.

« Je me jetai sur sa main et la couvris de baisers.

« — Maintenant, me dit-elle, — il faut vous en aller.

« — Pourquoi ?

« — Parce que ma santé n'est pas assez forte pour me permettre de veiller plus tard, — et parce que ma confiance dans la bienveillance de ma servante et de mes voisins n'est pas assez robuste pour que je sois certaine qu'ils trouveraient d'eux-mêmes toutes les preuves de l'innocence de nos entrevues à une heure pareille.

« — Tout le monde dort.

« — C'est pour cela que je veux dormir aussi.

« A ce moment j'entendis un coup de sifflet répété trois fois. — C'était évidemment un signal. — Elle frissonna ; — je la regardai.

« — Quelle folie ! dit-elle, n'ai-je pas eu peur ! Voilà

ce que c'est que de lire de mauvais livres. — J'oubliais que nous vivons dans une sorte d'Arcadie malhonnête, où le vol se contente de s'exercer sous la forme prudente du commerce. — Je prenais ces coups de sifflet pour un signal de voleurs. — Allez-vous-en bien vite.

« — Mais, dis-je en souriant, si ce sont des voleurs, vous m'exposez à leurs coups.

« — Allons donc ! c'est un signal d'amoureux, — c'est la forme la plus rustique de la sérénade ; — c'est loin de la guitare des galants espagnols, — mais ça dit et ça demande la même chose.

« Le même signal fut répété, mais un peu plus fort.

« — Vous voyez bien, dit-elle, que tout le monde ne dort pas. — Sortez vite, il n'est pas encore une heure à laquelle il soit précisément impossible de terminer une visite tardive ; — mais plus tard, si on vous voyait sortir de chez moi, je serais compromise, perdue. — Allez-vous-en

« — Elle était émue et tremblante.

« — Je vous obéis, lui dis-je, parce que vous avez peur, car sans cela je vous ferais remarquer...

« — Rien du tout... Au nom du ciel, allez-vous-en !

« — Alors je vais repartir pour Paris...

« — Comme vous voudrez, pourvu que vous partiez...

« — Ah! madame...

« — Oh! mon Dieu!... partez... J'irai vous voir demain à une heure à votre cabane... Mais partez.

« Et elle me prit par le bras, — sa main toucha la mienne; — sa main était froide.

« Je me dirigeais vers la petite porte, — elle m'arrêta. — Non, me dit-elle, pas par là. Et elle me conduisit du côté de la porte principale. — Là elle prêta l'oreille, puis ouvrit la porte très-doucement et me poussa dehors. — A ce moment, les trois coups de sifflet, qui jusque-là avaient été discrets jusqu'à un certain point, déchirèrent l'air, le silence et la nuit, d'un accent aigu et menaçant; — la porte était déjà refermée sur moi. J'étais stupéfait, étourdi; il était évident que ce signal avait un sens pour elle, et était pour quelque chose dans sa frayeur et dans son empressement à me renvoyer. — Je me hâtai de faire le tour du jardin pour courir à la petite porte par laquelle j'étais entré, — car c'était de ce côté qu'était le siffleur. — Malgré la rapidité de ma course, je n'arrivai que pour voir se fermer cette porte; — je l'avais refermée derrière moi, — il est évident qu'on l'avait rouverte ; — je ne voyais personne, on ne sifflait plus : — c'est le siffleur qu'on attendait ; c'est lui qui est entré. — Quelle perfidie ! — quelle hypocrisie ! — Je rôdai autour de la maison comme un loup autour d'une ferme ; j'écoutais, mais il me semblait que le bruit de mon cœur qui sautait dans ma poitrine m'empêchait d'entendre ; je le comprimais de mes deux mains pour le faire taire ; j'essayai d'aller pousser les deux portes, elles étaient bien fermées ; je voulais rentrer. J'essayai d'escalader le mur, j'y déchirai mes ongles et mes genoux ; je voulus entrer au moins par un bruit, par une peur, par quelque chose qui vînt de moi ; je voulus... déranger ! Je voulais faire entendre à mon tour trois coups de sifflet pareils à ceux qui avaient tant effrayé madame d'Apreville. Mais mon émotion était telle, ma respiration était si haletante, mes lèvres si desséchées, que je ne pus faire sortir aucun son. Alors je fus saisi d'une rage indicible. Je saisis une pierre, puis une autre, puis une troisième, et les jetai à travers les vitres que je voyais par-dessus le mur du jardin. — J'en entendis une se briser en éclats. — Si c'est un homme, si c'est un amant, il va sortir ! m'écriai-je, — je vais le voir, — je les tuerai tous les deux !

« Mais il s'ouvrit une autre fenêtre, celle d'un voisin. — La honte me prit et je m'en allai chez moi, — où je ne pus tenir en place. — Deux heures après, je rôdais encore autour du jardin de madame d'Apreville. — Puis il me vint une idée. — Je résolus d'entrer. — J'allai encore chez moi prendre une échelle, — mais, comme j'arrivais près de chez elle, j'entendis des pas : — je sentis cette joie profonde qu'éprouve un amant jaloux au moment où... il va avoir cette joie poignante, douloureuse, mais en échange de laquelle à ce moment on n'accepterait pas les plus grandes ivresses de l'amour heureux.

« Je déposai mon échelle et je m'avançai dans la direction du bruit des pas ; — je me trouvai en face de deux paysans qui me dirent *bonjour* en m'appelant par mon nom. — D'autres pas succédèrent à ceux-là, — un autre paysan me dit encore *bonjour*, monsieur René. — Pourquoi bonjour ? Est-ce qu'il va faire jour ? Ces gens se lèvent pour aller à leur ouvrage, il est tout simple qu'ils me disent bonjour. — L'horizon s'éclaire ; — c'est le jour ; — je n'ai que bien juste le temps de remporter mon échelle, — et encore vais-je choisir le chemin pour n'être pas rencontré.

« Je suis rentré chez moi — où je suis depuis deux heures. — Je marche dans ma chambre comme une bête féroce emprisonnée.

« A coup sûr — elle attendait quelqu'un ; — elle a ouvert la porte ; — il est entré... J'ai été faible et lâche ; — il fallait entrer : — quelle joie d'écraser leurs deux visages l'un contre l'autre !

. . . .

« J'ai essayé de dormir ; — j'ai pleuré, j'ai rugi ; — je viens de t'écrire, — je suis plus calme ; — je partirai demain sans la revoir, — j'irai à Paris, et je ne reviendrai ici que quand je l'aurai oubliée ; je ne l'attendrai pas à la cabane ; — je ne veux pas la voir ; toutes ses tentatives à ce sujet seront inutiles ; — je ne la reverrai pas ; je ne dois pas, je ne veux pas la revoir ; — je m'en irai par une route détournée, pour qu'on ne sache pas dans le pays, pour qu'elle ne sache pas que je vais à Paris ; — je ne lirai pas ses lettres — et surtout je ne la reverrai pas, je ne la reverrai jamais ; — je ne veux pas la voir.

« RENÉ. »

Noëmi d'Apreville à René de Sorbières.

« 10 heures du matin.

« Ne m'attendez pas à votre cabane ; je n'irai pas, je n'irai plus, je n'irai plus jamais. Nous ne devons plus nous revoir.

« Adieu !

« N.... »

René de Sorbières à Noëmi d'Apreville.

« Et moi, je veux vous voir ; je veux une explication ; je veux vous convaincre de votre perfidie ; je veux... non, je veux que vous vous excusiez, si c'est possible. Je vous en ai bien trouvé des excuses, moi... vous en trouverez. Cet homme venait pour votre servante, n'est-ce pas !

« Vous ne voulez pas me voir parce que vous êtes fâchée de ma colère, de ma violence, de cette vitre que j'ai brisée ; — mais je suis amoureux, je suis jaloux. — Il y avait tant d'apparences ! — Et qui me dit que ce sont des apparences ? — Vous attendiez quelqu'un, et ce signal vous a émue ; — vous êtes allée ouvrir la porte : — j'ai vu la porte se refermer ; — j'ai essayé de franchir la muraille ; — j'ai les ongles arrachés et les genoux sanglants. — Je veux vous voir, — je ne vous ferai pas de reproches, — mais il faut que je vous voie, — soit chez vous, soit à ma cabane. — Je le veux, — je vous en prie, — il le faut.

« RENÉ. »

Noëmi d'Apreville à Julie Quesnet.

« Ah! ma chère! que je suis malheureuse! et encore... je ne sens pas tout mon malheur. L'étrange combat que je livre en ce moment, et qui prend toutes mes forces, m'ôte, comme à un soldat sur le champ de bataille, la conscience de mes blessures, de mes souffrances et du sang que je perds.

« J'attendais Férouillat et son ennuyeux et périodique amour. J'avais eu soin d'écrire à René une lettre assez tendre. En bonne logique, et en temps ordinaire, cela devait empêcher un amant de venir. Quand un amant se voit très-certainement aimé, quand sa maitresse mérite le plus son amour, naturellement il aime un peu moins, et ne s'avise pas des grandes scènes de sentiment. A ce point de vue, écrire une lettre suffisamment tendre à René, cela devait suffire pour lui ôter toute idée de quitter Paris. On a toujours le temps de faire cuire les poules domestiques qui gloussent autour de la maison; mais on se donne à peine le temps de prendre son fusil et de courir à des perdrix sauvages que l'on a vues se remiser dans les ajoncs. Mon tort a été de traiter un amoureux que j'aime comme si c'était un amant. Je me suis trompée. René est arrivé dans le temps rigoureusement nécessaire pour franchir la distance. Il était dix heures et demie. J'attendais Férouillat. J'avais laissée ouverte la petite porte qui est derrière le jardin. Je regardais moi-même sur la route; en entrant dans la maison, je vis René assis devant ma table, qui m'écrivait. Cet empressement, cette présence, qui auraient dû me combler de joie, me glacèrent le cœur. Je m'occupais de le renvoyer après lui avoir fait croire que je l'attendais. Je prétextai une indisposition. Il allait partir, lorsque Anthime Férouillat, ne trouvant pas ouverte, comme à l'ordinaire, la petite porte que René avait refermée derrière lui, fit entendre un signal usité entre Hercule et lui, trois coups de sifflet. Ce signal ne tarda pas à être répété. Je poussai René dehors et j'allai ouvrir à Férouillat. — Mais M. de Sorbières avait à peu près deviné ce qui se passait. Il avait vu se refermer la porte qu'il avait déjà fermée lui-même. Plein de fureur il lança une pierre qui brisa une vitre. Férouillat s'élança pour sortir; je le retins en lui promettant de lui dire toute la vérité. Cela me donna le temps de préparer un mensonge. Je lui avouai une partie de mon secret pour cacher sûrement le reste. Je le priai de m'aider à me sauver de l'abîme sur le bord duquel une sotte coquetterie m'avait conduite. J'avouai que M. de Sorbières me faisait la cour; que j'avais accepté un bouquet; je lui désignai un petit vase de Chine dans lequel était ce bouquet. — Férouillat saisit le vase et le brisa par terre.

« Jamais M. de Sorbières n'était entré dans la maison, — il revenait sans doute de chez lui, lorsque moi, impatiente de ne pas voir arriver mon cher Anthime, j'avais ouvert la porte qui donne sur la grande route. — Il m'avait saluée, nous avions échangé quelques paroles; — il était en train de me supplier de le laisser entrer dans le jardin, lorsqu'au signal d'Anthime j'avais brusquement refermé la porte. —J'avais été un peu coquette, je l'avouais, mais cela ne justifiait pas les emportements de mauvais goût de M. de Sorbières; — c'était la conduite d'un homme mal élevé. Aussi je prenais la résolution de ne le revoir jamais. — Ce qu'il y avait de vrai dans ma confession donna au

7.

reste une vraisemblance suffisante, — et j'achevai d'apaiser Férouillat. — C'est très-cher d'apaiser Férouillat.

« Lui parti, — je pleurai amèrement. René était perdu pour moi. Il n'y avait pas moyen d'expliquer ni de nier. — Nier, il avait vu et entendu. — Expliquer, cela ne s'expliquait que trop de soi-même. Il est évident que je perdais René que j'aime, — qu'il ne reviendrait pas. — Le génie des femmes et des conquérants m'est venu en aide—l'audace. Si j'avais montré à peine mon cœur déchiré, — mes yeux rouges de larmes, — mon esprit abattu par la honte, — il m'aurait repoussée avec mépris ; — le seul moyen de le faire revenir était de le renvoyer, de lui fermer une porte ; c'est ce que j'ai fait par ma lettre.—Il est désespéré, il me fournit un catalogue d'excuses entre lesquelles je n'ai qu'à choisir ; il croit d'avance ce que je lui dirai ; — mais, comme il faut que je lui dise à peu près la vérité, j'ai besoin de le désespérer un peu plus ; — les excuses qu'il a trouvées pour moi et qu'il est prêt à accepter ne s'élèvent pas tout à fait à la vérité ; — et il me pardonnerait cette vérité ; — mais je veux qu'il craigne, qu'il imagine et qu'il me pardonne davantage ; — je veux qu'il me pardonne d'avance plus que je ne compte lui avouer; — qu'il me pardonne avec reconnaissance, avec humilité, avec bonheur. — Ce n'est que demain, après l'échange de plusieurs lettres encore, que je consentirai à le revoir.

« Ah! quelle triste chose, ma chère, que ce combat de ruses et de mensonges, de fourberies, quand on aime ! Je serais si heureuse de n'avoir rien à lui cacher !

« Noémi. »

Noëmi d'Apreville à René de Sorbières.

« Comment ne comprenez-vous pas vous-même que nous ne devons pas nous revoir ? — D'ailleurs je l'ai promis, — je l'ai promis à un ami qui a été généreux et indulgent.

« Le signal imprévu qui m'a tant troublée hier était une habitude de marins, une façon qu'ont de s'appeler entre eux et de s'annoncer de l'un à l'autre mon mari et M. Férouillat. Quand je vous ai renvoyé si vite, j'ai cru que c'était mon mari qui revenait brusquement.

« Je n'étais pas coupable, car je ne vous aime pas,

je ne vous aime pas d'amour ; — mais j'ai eu peur des apparences, j'ai cru que le ciel allait me punir de la légèreté avec laquelle j'ai laissé nos relations tourner à l'intimité. — Ce n'était que M. Férouillat qui, pour s'introduire chez moi à cette heure inusitée, avait employé ce stratagème, et d'ailleurs a, je crois, voulu me frapper de terreur en me faisant croire ainsi au retour de M. d'Apreville, car il vous savait chez moi.

« Eh bien ! cet homme dont les manières sont rudes et presque grossières s'est montré excellent et plein de cœur ; — il a été presque éloquent pour me peindre mes torts. — « Je vous crois innocente, m'a-t-il «dit, car vous ne mentez pas d'ordinaire : — mais « croyez-vous qu'il ne suffirait pas d'un soupçon, « même injuste, pour troubler toute la vie de mon « pauvre ami ? » — Et il m'a retracé cette tendresse si touchante, si dévouée, de M. d'Apreville. — J'ai voulu expier mes torts en les confessant à cet excelent homme. Je lui ai dit ce qui est vrai : — je n'aurais pas trompé Hercule. — Si j'avais aimé M. de Sorbières, — j'aurais écrit à M. d'Apreville : « Ne « comptez pas sur moi, j'ai disposé de mon cœur et « de ma personne, mais je n'ai pas voulu vous trom-

« per, » et j'aurais quitté sa maison sans attendre son retour.

« Mais, comme je ne vous aime pas, j'ai pu dire à M. Férouillat : — Mon ami, j'ai de grands torts ; — j'ai été un peu coquette avec M. de Sorbières ; j'ai écouté avec plaisir ces banales paroles d'amour que l'on adresse à toutes les femmes, — mais je suis restée pure et digne de mon mari. — Si vous voulez me perdre, vous le pouvez ; — il ne me pardonnera pas même ce qui s'est passé, mais il en mourra de chagrin. — Je puis m'arrêter sur cette pente où je n'ai fait que les premiers pas ; — je romprai toutes relations avec M. de Sorbières, — je ne recevrai plus de lettres de lui, — je ne lui écrirai pas ; — je n'irai plus dans son jardin, et il n'entrera pas ici, et alors.... Je n'ai plus rien de vous. — Vos dernières fleurs sont fanées, — vos lettres sont brûlées, — le petit vase de Chine est en mille pièces. — Ecrivez-moi deux lignes, les dernières, pour me dire que vous ne garderez pas de mauvais sentiments contre moi ; — que ces lignes ne parlent que du seul sentiment que je vous avais offert, — de l'amitié ; — que je puisse les garder. — Adieu ! monsieur ; je serai bien heureuse, si, lorsque je serai une vieille femme, vous acceptez ce sentiment, le seul dont je puisse disposer ; — il pourra alors nous donner des consolations et ne fera de chagrin à personne. — Je ne crois pas manquer à mes promesses en vous disant que je suis triste à en mourir. — Adieu. »

René de Sorbières à Noëmi d'Apréville.

« Tâchez de vous pardonner à vous-même. — Je vous pardonne. »

« R. DE S. »

M. Jean-Alphonse Karr au lecteur.

« Après avoir envoyé cette lettre concise, — René de Sorbières resta d'assez méchante humeur. — Cette femme est par trop incertaine, se disait-il, il faut y renoncer. — Décidément le plus sûr est de ne plus la voir et de partir demain au soir pour Paris. — Il se mit à écrire à Augustin Sanajou. Il est probable qu'il lui communiquait sa résolution, mais, la lettre à moitié faite, il la froissa dans sa main, puis la déchira, et en jeta les morceaux.

« Il se fit croire alors qu'il fallait aller retenir lui

même sa place à la voiture au lieu de confier cette facile commission à Bérénice Breschet, et il sortit en se disant : — Pourvu que je ne rencontre pas Noëmi !

« En revenant, il s'arrêta un instant à un carrefour d'où l'on voyait la maison de M. d'Apreville ; il regarda autour de lui et se dit : — Ah çà ! je ne rencontre pas Noëmi !

« Il ajouta : — Tant mieux ! du ton dont on dirait : — C'est triste ! comme s'il eût chanté son *tant mieux* sur l'air : *Tombe de mes aïeux !* de la *Lucie*.

« Alors il aperçut de loin madame d'Apreville qui rentrait chez elle, — il se sentit fort triste en pensant qu'il aurait pu la rencontrer, et que le hasard ne l'avait pas voulu.

« Il resta quelque temps à regarder cette maison où il ne devait plus entrer, — et il retourna lentement chez lui. — Au moment où il entrait dans l'enclos, un paysan lui demanda où était la maison de M. de Sorbières. — La maison, dit-il, la voilà ; M. de Sorbières, c'est moi.

« — Alors, cette lettre est pour vous.

« Cette lettre était un billet au crayon sur lequel il y avait : « Chez moi, à neuf heures, — ce soir. »

« Noémi. »

« René respira avec volupté. — Neuf heures ! c'était l'heure à laquelle il avait cru partir pour Paris, — l'heure à laquelle il avait cru s'éloigner pour jamais de madame d'Apreville.

« En pareille circonstance, il y a passablement de siècles entre trois heures de l'après-midi et neuf heures. Quand il fut huit heures et demie, M. de Sorbières se mit en route. — C'était beaucoup plus de temps qu'il n'en fallait pour franchir la distance qui le séparait de madame d'Apreville, mais il prit le plus long ; c'était quelque chose que d'être en route pour aller la voir. — Arrivé à la porte, il tira sa montre et s'approcha d'une lanterne : il était neuf heures moins cinq minutes. — Il songea qu'il ne fallait pas devancer l'heure indiquée, pour deux raisons : il pourrait ainsi déjouer quelques mesures de prudence prises par madame d'Apreville ; — il montrerait plus d'empressement qu'il ne convenait de le faire à un amoureux offensé. — Allons, dit-il, je vais aller me promener pendant un quart d'heure. — Il se remit en route. — Dieu sait ce qu'il roula de souvenirs dans sa tête ; — il se rappela toute son histoire avec Noëmi depuis leur première rencontre ; — il fit cent projets de bonheur avec elle, — cent autres projets de vengeance contre elle. — Il lui sembla alors que tant de pensées n'avaient pu naître en moins d'une bonne demi-heure. — Il n'y avait pas de lanterne qui lui permît de consulter sa montre; il revint en toute hâte à la porte de madame d'Apreville et à la lanterne qui en était proche; — il était neuf heures moins une minute; il porta rapidement sa montre à son oreille, la supposant arrêtée; — elle allait parfaitement.

« Il poussa doucement la porte, elle était entr'ouverte; — il entra, traversa le jardin, et trouva debout, devant la maison, madame d'Apreville qui lui tendit la main. — René, qui aurait demandé cette main avec instance, si on avait fait mine de la lui refuser, la refusa avec toutes les apparences du dédain en voyant qu'on la lui offrait.

« Noëmi la laissa tendue et dit : — Il faut absolument que vous me donniez la main.

« René mit froidement sa main dans la main de madame d'Apreville. Elle le fit entrer dans le petit salon, — lui indiqua un fauteuil en face du sien.

« — Monsieur de Sorbières, dit-elle, je suis bien malheureuse.

« — Il faut croire, madame, que cela vous plaît ainsi.

« — Votre lettre d'une ligne m'a d'abord irritée, — puis désespérée; — j'ai tenu bon jusqu'à deux heures, — puis je suis sortie pour aller tout droit chez vous; — en approchant, ma fierté s'est réveillée, et j'ai passé deux fois devant la porte : — si je vous avais aperçu, je me serais en allée avec l'espoir de vons laisser un peu de chagrin et de ne pas être malheureuse seule ; — mais ne vous voyant pas, je n'ai pas pu y tenir, j'ai déchiré un feuillet de mon carnet, j'ai écrit deux mots; — puis je n'ai pas osé frapper chez vous, — j'ai fait quelques pas pour m'en retourner ; — un paysan inconnu passait, je lui ai confié à tout hasard ma commission; je vois qu'il l'a faite.

« — A coup sûr, madame ; sans votre invitation je ne me serais pas présenté chez vous.

« — Quittez ce ton sec et froid, monsieur René, je suis horriblement triste.

« — Qu'avez-vous à me dire, madame.

« — Oh! mon Dieu ! rien, si vous continuez à prendre cet air renfrogné ; — il ne faut pas m'aimer, mais il n'est pas défendu de me plaindre : — j'ai voulu vous serrer la main.

« — Mais, madame, je ne comprends pas votre chagrin, — si vous m'aimez...

«—Vous savez bien que je ne peux pas vous aimer, monsieur.

« —Ne m'interrompez pas, madame, ce n'est qu'un raisonnement. Si vous m'aimez, vous me voyez très-amoureux de vous ; ce serait le plus grand bonheur humain. Si vous ne m'aimez pas, que vous fait de ne plus me voir ?

« — Je suis mariée, j'aime mon mari, — et cependant l'idée de ne plus vous voir me désespère. — Expliquez-moi à moi-même.

« — Je le voudrais, madame, mais je ne vous comprends pas non plus ; — vous avez sacrifié à je ne sais quelles phrases banales de M. Férouillat, en pointe d'éloquence, et mes lettres et mes fleurs, et ce petit vase de Chine que vous deviez toujours conserver ; ce sacrifice n'est raisonnable que s'il vous a été inspiré par une vive tendresse pour votre mari, par une conviction profonde produite par les invincibles arguments du sieur Férouillat, que nous appellerons désormais Férouillat Bouche d'or, — Férouillat Chrysostome ; — alors cette conviction, cette tendresse conjugale, ce sacrifice même, doivent vous rendre très-heureuse.

— Moi ? — je suis malheureuse à en mourir.

—Laissez-moi continuer, madame. — Ce renoncement à moi ne peut être fondé que sur une conviction très-complète. — Eh bien ! après les excès auxquels vous vous êtes livrée contre moi, — que vous avez sacrifié comme une victime expiatoire à l'amour conjugal, — vous avez manqué trois fois à vos dernières promesses faites à ce devoir auquel vous veniez de me sacrifier. — Vous aviez promis à l'éloquent « qui que ce soit, » autrement dit au sieur Férouillat Bouche d'or, 1° de ne plus me voir; 2° de ne plus me laisser entrer ici ; 3° de ne plus m'écrire. Eh bien ! vous m'avez écrit deux fois en deux jours, et la seconde fois c'était pour me dire de venir vous voir ici.

« — C'est vrai, — je suis bien coupable; je suis bien malheureuse.

« — Donc, c'est à rien, à un caprice, à un effet passager de l'éloquence de Cicéron Férouillat, — que vous m'avez sacrifié. Maintenant que ce parfum démosthénien s'est un peu dissipé, il faudrait que j'oubliasse aussi vite que vous le mal que vous m'avez fait !

« Noëmi cachait son visage avec ses mains. René lui dit :

« — Voyons, cherchez; — tâchez de voir un peu clair dans votre cœur.

« — Voyez-y plutôt vous-même, dit-elle en écartant ses mains et en laissant voir ses yeux baignés de larmes ; — voyez-y, vous qui avez gardé assez de sang-froid pour me parler sur ce ton d'odieuse plaisanterie.

« — Ces plaisanteries sont comme vos mains sur votre visage, elles cachent des larmes. — Ce qu'il y a de vrai, ce qu'il y a de certain, c'est que je vous aime.

« — Ah ! monsieur de Sorbières, il ne faut plus me dire que vous m'aimez.

« — Mais... vous dire autre chose, ce sera mentir.

« — Mentez, s'il le faut, — pour que nous ne soyons pas perdus l'un pour l'autre.

« — Eh bien ! je mentirai.

« René se jeta aux genoux de Noëmi et les tint embrassés.

« — Je ne vous aime pas, dit-il. Je puis regarder vos yeux sans frissonner, — je puis me contenteer d'une innocente amitié.

« Noëmi le repoussa doucement en disant :

« — Vous savez bien qu'il ne faut pas être à mes genoux.

« — Je n'y suis pas.

« — Ah ! dit-elle, c'est trop mentir.

« — Alors ne mentons plus.

« — Ne mentons plus, nous mentons trop mal.

« — Eh bien! je t'aime, ma Noëmi adorée!

« — Ah! René, je vous aime bien ainsi!

« René, ivre d'amour, la saisit dans ses bras; mais elle le repoussa avec une sorte de terreur et de haine:

« — Je ne vous aime pas! laissez-moi!

« René se releva en disant :

« — Et moi, je ne vous aime plus.

« Les voilà désespérés tous les deux. Après quelques instants d'un silence farouche, Noëmi tendit la main à René; il se précipita sur cette main, puis retomba aux genoux de madame d'Apreville. Mais Noëmi se jeta aux siens :

« — Je suis une femme perdue, une misérable! ayez pitié de moi!

« On reprit un peu de calme, on se rassit, on recommença à parler d'amitié. On en parlait encore à une heure du matin. Il est difficile qu'à cette heure-là l'amitié ne s'orne pas de quelques détails qui semblent, le jour, appartenir à d'autres sentiments. D'autre part, la nuit donne aux amoureux tout le courage qu'elle ôte aux autres hommes. On convint qu'il faudrait se défier de Férouillat; que, puisque cette amitié, innocente au fond, désolait cet autre ami — « qui que ce soit, » puisqu'elle désespérerait Hercule d'Apreville, dans l'intérêt de tous deux, il fallait leur en dérober la connaissance. — Faute de mieux, ce serait encore s'acquitter d'un devoir conjugal que de tromper son mari, — pourvu qu'on le trompât bien.

« On discuta les limites de l'amitié ; — des combats eurent lieu sur les frontières. — Tout porte à croire que l'amitié gagna beaucoup de territoire et recula ses bornes. — On pleura encore ; on se dit plusieurs fois « adieu pour toujours ! » — ce qui, chaque fois, fut suivi d'un serment de ne se quitter jamais. — Quand l'amitié sortit par-dessus le mur, à trois heures du matin, — elle ressemblait singulièrement à son frère ; — elle avait quelque chose de guerrier, d'hermaphrodite, de masculin, de vainqueur ; elle avait un certain air de Christine de Suède — qui portait par-dessus sa jupe un habit d'homme et un chapeau militaire sur sa tête. »

Noëmi d'Apreville à Julie Quesnet.

« Que faire ? que devenir ? René est venu l'autre soir ; il n'est parti qu'à trois heures du matin ; il est évident que Férouillat ne peut plus être mon amant. Il est venu hier apporter à mes pieds le tribut périodique de sa flamme quasi hebdomadaire. Il s'est inutilement irrité et désespéré de mes refus. — Dans l'amour, dans ce céleste duo, est-ce donc la musique qui fait tout, et les paroles ne comptent-elles pour rien ? — Il est arrivé plusieurs fois à Anthime de me dire les mêmes phrases que m'a dites René à propos de mes ex-rigueurs, — entre autres, celle-ci : — « Vous voulez donc me faire mourir ! » — Eh bien ! quand René la prononçait, j'étais émue, enivrée, attendrie ; — cela me paraissait la dernière limite de l'éloquence. — Hier, Férouillat, avec les mêmes mots, m'a paru quelque chose de ridicule et de grotesque au dernier degré. — La seule impression que j'aie ressentie a été un invincible désir de lui rire au nez : — ce que j'ai fait.

« Quoique Férouillat soit reparti furieux à son bord, sa colère va s'exhaler pendant cinq jours contre ses matelots, — mais il reviendra un peu plus amoureux ; et pour ces gens-là l'amour n'est qu'un appétit, et la diète les exaspère, — et alors mes nouveaux refus l'exaspéreront. Cet homme est capable de tout ; — il est capable d'écrire à mon mari que j'ai un amant ; il est capable de vouloir se battre avec René ; celui-ci est brave — l'homme que j'aime ne saurait être autrement ; il ne reculera pas. Mais, te le dirai-je ? ce qui m'alarme le plus, c'est que Férouillat ne fasse savoir à René la vérité sur nos relations : un homme aussi justement fier que M. de Sorbières ne pourrait que ressentir de l'horreur et du dégoût à cette révélation. Il se demanderait : A quoi sert d'être jeune, beau, noble, spirituel, puisque cet homme stupide, grossier, vulgaire, a réussi comme moi ?

« Malheureusement, j'ai écrit quelquefois à Férouillat, — au commencement de l'absence d'Hercule, alors que mon cœur ou plutôt mon imagination, avide d'amour et d'aliments, se prenait au moindre prétexte ; comme j'ai vu Hercule tirer le fleuret contre un mur, faute d'adversaire pour faire sa partie, ce qu'il appelait plastronner ; — comme je l'ai vu jouer seul au billard, donnant sa main gauche pour adversaire à sa main droite ; — j'ai écrit à Férouillat, parce que sa présence me gênait trop pour l'aimer, — tandis que, lorsqu'un bras de mer nous séparait, je pouvais lui prêter d'autres traits, d'autres pensées, d'autres sentiments. Ces lettres doivent être pleines de l'amour qui était en moi ; elles doivent respirer la tendresse et l'enthousiasme.

8

« Ah ! si je pouvais leur opposer la froideur de mes pensées et de mes paroles, quand Anthime était là ; — quand il aurait fallu l'aimer lui-même : — quand j'attendais, pour l'aimer, qu'il fût à cinquante lieues, c'est-à-dire qu'il n'existât pas, il me serait facile de faire comprendre à René que je n'ai jamais aimé que lui ; — que je plastronnais avec Férouillat en l'attendant ; — mais les paroles se sont évanouies, et les lettres sont restées. Il est impossible que ce rustique personnage ne les ait pas précieusement conservées, — jamais il n'a pu lui arriver d'en recevoir de pareilles ; et celles-là, en effet, ce n'était pas à lui qu'elles étaient écrites, mais à l'amant inconnu que je rêvais, — à René de Sorbières.

« Le papillon, qui a reçu de la nature et de la beauté le droit de poser sur une rose, la touche avec délicatesse et l'effleure à peine, — mais le hideux colimaçon qui est arrivé en rampant, qui sait bien qu'il usurpe, laisse sur la fleur parfumée une trace visqueuse et déshonorante. Férouillat aura gardé mes lettres pour pouvoir se prouver à lui-même de temps en temps qu'il n'a pas rêvé, — qu'il est vrai qu'il est l'amant d'une femme comme moi, — pour se prouver la réalité d'une chose impossible. — D'ailleurs, cet être, dont les sentiments sont aussi grossiers que sa figure me le paraît aujourd'hui, aura voulu se faire des armes contre moi; mes fautes passées lui servent à exiger de nouvelles faiblesses. — Il montrera ces lettres à René; — ces lettres sont pleines de ces choses que René m'inspire, et qu'il n'était pas là pour recueillir; ce sont des fruits mûrs qui tombent quand on ne les récolte pas. Ce ne sont pas des fruits cueillis, ce sont des fruits ramassés.

« J'ai eu tort de ne pas lui tout avouer l'autre jour; il était si désespéré, il avait rêvé tant de désastres, il était tombé si bien au fond du gouffre, qu'il aurait tout pardonné en même temps, et je pouvais, à ce moment, l'emporter si haut dans les nuages, dans le bonheur, qu'il aurait perdu de vue et la terre et le gouffre; — mais aujourd'hui, s'il apprend la vérité, il faudra qu'il retombe douloureusement, et cette révélation faite à présent lui paraîtra une infidélité. L'autre jour, je pouvais lui dire : — Voilà ma vie passée, je ne vous connaissais pas, quoique je vous attendisse. D'aujourd'hui, je suis à vous, je vous serai fidèle.

« Quand je le vois si heureux, quand je regarde tout ce que ses yeux expriment d'amour, de félicité, de sécurité, je tombe parfois dans une invincible tristesse,

— et il me dit : — Qu'avez-vous ? — Je réponds comme répondent les femmes, — je dis : Rien ! — Mais, s'il n'était étourdi par la ravissante mélodie qu'il entend dans son cœur, il s'apercevrait que je ne puis donner à ce « rien » l'intonation qui lui appartiendrait — et que je le prononce avec un accent qui veut dire clairement : — J'ai le cœur navré !

« J'aime passionnément M. de Sorbières, — et il faut que je lui fasse un mystère de mes pensées et de mes préoccupations. — Ce bonheur dont je jouis va disparaître au premier moment, et je n'en aurai joui que pour le regretter et en emporter le souvenir dans mon désespoir.

« NOÉMI. »

M. Jean-Alphonse Karr au lecteur.

« Il y a, au théâtre et dans les livres, des conventions étranges, qui restreignent singulièrement le nombre des combinaisons dramatiques et littéraires, qui diminuent dans une proportion inquiétante la série des choses vraies qu'il est défendu à l'écrivain de reproduire.

« Ainsi, au théâtre, — prenez celui des théâtre où

règne la plus grande liberté, — l'auteur offrira sans scrupules, à vos yeux, des créatures à peu près nues, et à vos oreilles, des équivoques de mauvais goût; — mais il n'osera pas avouer que ce n'est pas pour le bon motif que l'on courtise ces créatures déshabillées, et le public s'effaroucherait si fort, si elles n'étaient à la fin pudibondement et correctement épousées. — L'adultère n'est toléré que si les personnages expriment leurs sentiments immodestes en s'arrêtant un peu chaque fois qu'ils ont prononcé six syllabes, et un peu davantage lorsqu'ils en ont prononcé douze. — Il est, de plus, absolument nécessaire que les vœux déshonnêtes se manifestent par des phrases où, de douze en douze syllabes, les paroles hostiles à la pudeur se terminent par les trois mêmes lettres que la dernière des douze précédentes syllabes criminelles.

« C'est-à-dire que *Phèdre* en prose et sous un autre nom que celui de tragédie exciterait l'indignation du public.

« Dans les livres, on a un peu plus de liberté; cependant on exige que l'écrivain observe et reproduise des choses réelles et vivantes, et en même temps on veut qu'il ne choisisse que des circonstances d'une certaine nature, — c'est-à-dire qu'il lui faut rejeter des tableaux qui frappent tous les jours ses regards aussi bien que ceux des lecteurs.

« L'adultère est admis dans les livres, — une femme mariée y peut avoir un amant; — une femme non mariée, — en général, on exige qu'elle soit veuve, — peut avoir un amant et le tromper pour un autre. On peut chercher et trouver de ces deux situations toutes les combinaisons possibles, personne n'y trouvera à redire.

« Mais il est une autre situation plus qu'assez commune dans le monde vivant, et qui n'est pas admise dans le monde des livres. Regardez autour de vous, il n'est personne qui n'ait, dans le cercle de ses connaissances, une femme qui, trompant son mari pour un amant, trompe celui-ci à son tour pour un autre amant, c'est-à-dire pratique l'adultère à fleurs doubles, — *flore pleno*, — comme disent les horticulteurs.

« Il arrive souvent qu'un amant trop assuré de la possession de « l'objet aimé » se laisse aller sur la pente doucement glissante de l'habitude, remplace graduellement le mari, qui s'efface et a porté « ses vœux » ailleurs, et lui succède dans tous les détails conjugaux.

— Il devient ainsi tout doucement un mari lui-même, un second mari, un autre mari; mais un mari; — il oublie que l'amant n'a pas à jouer le même rôle que le mari, qu'il ne doit pas le remplacer, mais le compléter; — qu'il doit entraîner ou au moins suivre la femme dans ses fantaisies extraconjugales; il ne doit jamais l'arrêter, la réfréner, la modérer; — il ne doit pas l'aimer, il doit l'adorer, il doit surtout l'amuser. Faute de savoir ces choses, il fait de sa liaison, d'abord criminelle, une chose qui finit par être tolérée admise, reconnue par le monde, un lien honnête, estimable. Il devient comme le mari d'une femme veuve d'un époux vivant; — il fait des observations, des économies; — il devient familier, il gronde, il désapprouve; — il défend, il empêche, il gêne; — en un mot, sans s'en apercevoir, il abandonne tout doucement le rôle d'amant et laisse une place vide, un emploi vacant, qui ne tardent pas à être remplis.

«Le cœur féminin est un viscère qui, comme la nature, a horreur du vide. Le premier mari ne compte pas; le premier amant passe mari à l'ancienneté et est, non pas remplacé comme je le disais, mais complété par un aspirant au choix. Cet adultère double est la situation où se trouvent, pour le moment, les gens dont je vous raconte l'histoire, situation aussi rare dans les livres que fréquente dans le monde.

Aussi, quand je m'en suis aperçu, c'est-à-dire il y a dix minutes, ai-je cru devoir m'en expliquer avec vous. — Tant qu'à reprendre les personnages et les bons hommes des livres, — mettre au commencement ou à la fin, dans un nouvel ouvrage, ce qui est au milieu dans un ancien, — supposer toujours un criminel sans circonstances atténuantes et un innocent sans circonstances aggravantes, — un bourreau sans scrupule et une victime sans tache, — c'est-à-dire remanier une douzaine de personnages et une trentaine de situations, ce serait peu respecter et le papier blanc et les lecteurs. — Les choses de la vie ne se passent pas entre les scélérats tout d'une pièce d'une part et agneaux purs de l'autre; — la victime d'hier peut très-bien être le sacrificateur de demain. — L'infidélité dont vous mourez, aujourd'hui qu'on vous l'a faite, vous l'auriez commise vous-même, si vous n'en n'étiez pas victime. — Les lois de l'amour sont comme les lois de la société, c'est une gêne que chacun voudrait bien imposer aux autres; — c'est le plomb que le jockey a soin de faire mettre dans les poches de son concurrent sous un prétexte quelconque, et que celui-ci jetterait toujours en route, s'il ne savait qu'on le pèsera au retour.

« Au théâtre des marionnettes, Polichinelle et le diable se prennent tour à tour le bâton.

« Eh bien! je ne crois pas avoir besoin de faire comme les anciens pontifes des dieux. Comme il était fort difficile de trouver des victimes sans tache, surtout quand il s'agissait de grosses victimes, de taureaux blancs, par exemple, ils dissimulaient les taches brunes ou noires avec de la craie. Les dieux étaient attrapés, mais les hommes, qui y regardaient de plus près, appelaient ces victimes « bœufs à la craie, » *bos cretatus*. Je ne ferai pas ce mensonge; je vous raconterai les choses comme elles sont et comme je les vois.

« Ainsi Noëmi, malgré l'horreur honnête et légitime qu'elle avait témoignée dans ses premières lettres à Julie Quesnet, pour avoir deux amants, alors qu'elle se jurait à elle-même de n'aller pas trop loin avec M. de Sorbières, malgré la résolution qu'elle annonçait dans la dernière, de ne pas garder Férouillat, puisqu'elle avait pris René, Noëmi d'Apreville résista d'abord, épuisa les prétextes, puis se trouva fort embarrassée. — Férouillat était un homme violent, emporté, grossier; — passionnément épris de la seule femme un peu élégante et comme il faut qu'il lui eût été donné d'aborder dans toute sa vie, — il n'y avait pas moyen de l'amener à se retirer sans bruit, en galant homme offensé ; — il n'admettrait aucune de ces délicatesses commodes pour les femmes et inventées par elles ; il ferait des avanies ; il écrirait, au besoin, à Hercule d'Apreville ; — il insulterait et provoquerait même M. de Sorbières. — Il était impossible qu'ils ne se rencontrassent jamais.

René, à la rigueur, consentait à se cacher de Férouillat, qu'il prenait pour l'espion du mari ; mais il n'y avait pas moyen, sans lui avouer que Férouillat était un amant, de lui faire accepter que le capitaine du *Marsouin* pouvait, tous les cinq jours, le rencontrer la nuit chez madame d'Apreville. Il fallait donc inventer un prétexte tous les cinq jours, — six prétextes par mois, — cela ne pouvait pas durer longtemps ; on avait eu bien vite épuisé les bons prétextes ; on entamait les prétextes médiocres, et René hochait la tête ou restait le jour suivant pensif et boudeur.

« Noëmi en était arrivée à ce point de fatigue et d'anxiété qu'elle désirait presque un hasard qui amènerait un éclat. — Si elle avait été sûre que l'orgueil de René lui pardonnerait Anthime Férouillat, elle aurait tout avoué à l'un ou à l'autre pour sortir de cette insupportable situation; elle recueillait avec joie toutes les preuves de l'amour de René pour s'en former un espoir qu'elle ne le perdrait pas le jour d'une explication inévitable.

« Un soir, les deux amants, renfermés chez madame d'Apreville, avaient, sans s'en apercevoir, laissé s'éteindre le jour; — ils étaient sans lumière, occupés à laisser couler de douces paroles de leur cœur. — René avait dénoué les longs cheveux de Noëmi et jouait nonchalamment avec leurs ondes épandues. — Tout à coup, on entendit les trois coups de sifflet d'Anthime Férouillat. — Tous deux furent frappés. — René, qui reconnut ce signal, savait qu'il avait à se défier d'Anthime, surveillant laissé par M. d'Apreville : — il se hâta de s'éloigner de Noëmi, — de se lever et de se placer debout devant la cheminée. — Noëmi rassemblait ses cheveux, et se pressait tellement que deux fois le peigne s'échappa de ses mains et roula par terre. Elle entendit la porte s'ouvrir et se refermer; — elle pensa d'abord que l'obscurité lui donnerait le temps et le moyen de réparer son désordre; — mais en même temps cette obscurité, quand elle était seule avec M. de Sorbières, était un indice bien précis pour Anthime. — Elle aurait pu faire cacher René ; mais alors le ton et les manières d'Anthime auraient été des indices bien autrement précis encore pour René. Comme elle entendit les pas de Férouillat, elle ne voulut pas qu'il la crût seule ; ses premières paroles pourraient bien être familières ; — elle espéra un moment qu'elle pourrait encore diviser les deux orages, — les subir séparément ; elle se hâta de dire à René, à voix basse : — C'est M. Férouillat, vous resterez cinq minutes et vous partirez. Puis, parlant haut :

« — Sonnez, je vous prie, monsieur, puisque vous êtes près de la cheminée, pour que je demande de la lumière.

« A ce moment la servante entra précédant Anthime Férouillat, elle portait une lampe de cuisine.

« — Eh quoi ! c'est vous, mon ami ? dit Noëmi. — Par quel heureux hasard ! — Mathilde, dit-elle à la servante, voilà trois fois que je donne à M. de Sorbières la peine de sonner pour demander la lampe, et vous ne répondez pas.

« — Je n'ai pas entendu, madame, c'est que j'ouvrais la porte à M. Anthime.

« — Allumez des bougies. — Monsieur Anthime Férouillat, M. René de Sorbières ; mais vous vous connaissez, vous vous êtes déjà rencontrés.—Anthime ne parlait pas, mais il regardait alternativement René et Noëmi. — René cherchait inutilement une phrase qui pût interrompre ce silence embarrassant,—une phrase qui eût l'air de faire suite à une conversation suspendue par l'arrivée d'Anthime Férouillat. Noëmi sentait que ses cheveux étaient mal rattachés, — elle sentait surtout le regard d'Anthime fixé sur les boucles échappées.—Enfin René crut avoir trouvé sa phrase.

« — Je vous disais donc, madame, que mon grand-père achetait cette terre en... M. Férouillat me permettra de continuer cette histoire, qui n'a plus que deux mots : — mon grand-père acheta cette terre, pour constituer un majorat, en 17...

« Anthime s'avança vers René.

« — Monsieur, lui dit-il, je vois que madame vous reçoit familièrement et sans façons, — comme un ami, — je ne me gênerai donc pas non plus : — je suis l'amant de madame, et j'ai à causer avec elle.

« Noëmi ferma les yeux, comme le patient qui sent grincer le couteau au-dessus de sa tête.

« — René retrouva du sang-froid dans la colère.

« — Monsieur, dit-il, je ne saurais que plaindre madame d'avoir aussi mal placé ses affections.

« — Je vous répète, monsieur, que j'ai à causer avec ma maîtresse.

« — Je comprends ; vous voulez que je m'en aille. Mais j'attends un peu, pour savoir si madame ne va pas me donner l'ordre de vous jeter par la fenêtre.

« — Moi ? par la fenêtre... blanc-bec ! s'écria Férouillat.

« Et il s'avança en fureur vers M. de Sorbières.

« Celui-ci vit facilement qu'il allait avoir affaire à un homme plus vigoureux que lui ; il s'empara d'une chaise et se prépara à s'en faire une arme.

« Noëmi se leva pâle et tremblante.

« A ce moment, on entendit trois coups de sifflet pareils à ceux par lesquels deux fois déjà Anthime s'était annoncé.

« Cette fois ce fut Anthime Férouillat qui devint blême ; il s'arrêta stupéfié.

« René dit : — Encore un Férouillat qui s'annonce, j'espère qu'il n'est pas aussi l'amant de madame.

« — Non, dit Noëmi ; — mais c'est mon mari.

« René resta interdit, — Anthime était terrifié.

« Noëmi — pâle, la voix saccadée, — dit : — Eh bien ! tant mieux ! nous serons tous perdus, — je vais tout lui dire.

« — Noëmi, s'écria Anthime, vous ne ferez pas cela !

« — Je le ferai, — ou vous allez m'obéir ; — vous allez tous deux calmer votre colère, et vous, Anthime, vous présenterez M. de Sorbières à Hercule.

« — Moi ! vous plaisantez ; — jamais !

« — Alors je vais lui dire comment vous avez gardé le dépôt...

« — Il entre, dit Anthime en prêtant l'oreille.

« — Décidez-vous, — je vous jure que je suis décidée.

« — Monsieur, dit René, sauvons madame, rien ne nous empêchera de nous retrouver ensuite.

« — Je l'espère bien, dit Férouillat, — mais comment ?

« — Le voilà, dit Noëmi : c'est vous qui avez amené monsieur, ou... je dis tout.

« On entendit en effet des pas d'abord, — puis la voix de Mathilde qui criait :

« — Madame, madame, c'est monsieur !

« Puis une voix forte et vibrante qui disait :

« — Me voilà, me voilà, — chère Noëmi, — me voilà !

« Et on vit entrer M. Hercule d'Apreville, capitaine au long cours et maître de la maison, qui se précipita sur Noëmi, la saisit dans ses bras, l'enleva sur sa poitrine, couvrit de gros baisers son visage et ses cheveux, en disant :

« — Me voilà ! — et pour toujours cette... Tiens ! tu es ici, Férouillat, — dit-il en apercevant son ami.

« — J'arrive, — dit Férouillat.

« Les deux capitaines s'embrassèrent.

« Noëmi vit que Férouillat oubliait de présenter René ou n'en voulait rien faire.

« — Mon ami, dit-elle, tu ne fais pas attention... M. de Sorbières est un ami de Férouillat que le capitaine a amené ce soir.

« Hercule salua René.

« — Un nouvel ami alors, dit-il, car Anthime n'avait pas, je crois, l'honneur de connaître monsieur lors de mon départ.

« — En effet, dit Férouillat, un nouvel ami.

« — Monsieur, dit Hercule d'Apreville avec bonhomie, ne prenez pas en mauvaise part que j'aie dit un nouvel ami. — Nous autres vieux, nous voudrions ne voir accorder l'avancement qu'à l'ancienneté. — Mais l'avancement au choix donne souvent de bons sujets à la marine. L'ami de Férouillat est le bienvenu chez Hercule d'Apreville. »

II

« Noëmi était au bout de ses forces. — Elle voulait à tout prix voir finir cette scène. — Son mari la prit par le corps et voulut l'attirer sur ses genoux. — Elle se dégagea et n'osa plus lever les yeux sur René.

« — Et vous, monsieur de Sorbières, toi, Férouillat, dit Hercule, restez-vous à souper avec nous ? On soupe encore ici, j'espère. Vous ne sauriez me faire un plus grand plaisir, si ce n'est de refuser et de venir plutôt manger notre soupe demain.

« — Je vous rends grâces, monsieur, dit René ; mais je serai sans doute absent.

« — Non, dit Férouillat ; vous savez bien que vous m'avez promis de ne pas vous absenter.

« — C'est juste ! pardon !

« — Alors vous acceptez, dit Hercule, sans quoi, je croirai que vous vous fâchez de ce que je ne vous presse pas davantage pour aujourd'hui. Mais il y a longtemps que je suis absent. J'ai cent choses à demander à ma femme et deux cents choses à lui dire. D'autre part, parce qu'elle voit des figures étrangères, elle s'imagine qu'il est convenable d'avoir l'air de ne pas aimer son mari. Pour Férouillat, lui ne se fâchera pas ; deux vieux amis et deux vieux marins peuvent l'un vis-à-vis de l'autre parler et agir franchement.

« Noëmi, Férouillat, René, étaient embarrassés de leur présence mutuelle, et évitaient de laisser rencontrer leurs regards. — Cependant Noëmi fit signe à René qu'il était nécessaire qu'il partît, et dit : — Pourquoi ces messieurs ne resteraient-ils pas à souper ce soir ?

« — Cela m'est impossible, dit René.

« — Mais Férouillat au moins peut rester, dit Noëmi.

« — Je le voudrais, dit Férouillat, mais...

« — Allons ! Noëmi a raison, reste. — Je n'aurais osé garder M. de Sorbières, parce que... une arrivée... un souper sans façon... mais, puisqu'il veut bien accepter pour demain, — tu peux rester, toi, je ne me gênerai pas pour parler de mes affaires devant toi, ni pour te renvoyer de bonne heure.

« — Je t'assure...

« — Restez, capitaine Férouillat, dit Noëmi.

« — Je veux que tu restes... je suis ton ancien, et...

« Il fit asseoir Férouillat en le poussant sur un siége. — René salua et se retira. — Hercule d'Apreville lui tendit la main et le reconduisit, en lui recommandant d'être exact pour le dîner du lendemain.

« Pendant les quelques instants que dura son absence, Anthime se leva furieux et dit à Noëmi:

« — Quel rôle me faites-vous jouer?

« — Croyez-vous, dit-elle, qu'Hercule trouve plus beau celui que vous avez choisi?

« — Je le retrouverai demain, votre godelureau.

« — Je vous parlerai demain matin; restez à coucher ici.

« — Non, mille tonnerres! non!

« — Hercule revient; un mot de vous peut me perdre, mais je vous perdrai avec moi; — couchez ici.

« Hercule rentra.

« — Ah! dit-il, à présent nous sommes seuls, Férouillat n'est pas quelqu'un. — Ce M. de Sorbières, qui d'abord ne me plaisait guère, s'est conduit en homme discret et bien élevé. — D'où connais-tu donc M. de Sorbières, Férouillat, — comment connais-tu ces gens-là?

« Férouillat ne répondit pas, — mais Hercule avait de nouveau attiré sa femme sur ses genoux. — Noëmi, cette fois, qui ne craignait pas de blesser Anthime comme René, — ne fit pas la même résistance, — et rendit à d'Apreville quelques-unes de ses caresses. — Mathilde avait été chercher la petite Esther déjà couchée et qui vint à moitié vêtue prendre sa part des caresses d'Hercule. On soupa. — Anthime était taciturne. Cependant Hercule, heureux, gai, bruyant, le forçait de temps en temps à partager les éclats de sa joie, du moins en apparence. — Il buvait beaucoup et le faisait boire. — Il raconta son dernier voyage ; la goëlette, la *Belle-Noëmi*, était pleine de marchandises précieuses. Il avait à toucher des sommes importantes sur plusieurs négociants du Havre. — Vraiment ce voyage avait dépassé toutes ses espérances. — Il avait changé en fortune la modeste aisance qui avait paru étroite à Noëmi. — On pourrait aller à Paris. — Mais bois donc, Férouillat ; — la goëlette s'est comportée à la mer comme un vrai poisson. — Si l'église d'ici était assez grande, je voudrais pendre ma goëlette au plafond, car c'est mon dernier voyage. — J'ai dit adieu à la mer. — Noëmi est riche, je ne travaillerai plus. — A la santé de la goëlette, Férouillat !

« Après le souper, on fit du punch et on fuma. — Anthime, qui d'abord avait fait quelque résistance aux fréquentes rasades que lui versait son ami, se mit tout d'un coup à penser qu'il avait beaucoup de chagrin, et que le mieux était de s'étourdir : — il but alors sans ménagements, avec une sorte d'avidité frénétique ; il ne tarda pas à être ivre ; — il appuya ses deux coudes sur la table, mit sa tête dans ses mains et resta muet et sourd.

« Il n'eut pas à accepter l'hospitalité que lui avait offerte Noëmi. — Ce n'est que le lendemain matin qu'il sut que d'Apreville l'avait porté dans un lit.

« Le lendemain, Noëmi était debout de bonne heure, — elle voulait causer sérieusement avec Férouillat.

« — Anthime, — lui dit-elle, — nous avons, vous et moi, commis une grande faute, un crime, peut-être ; — ne l'avez-vous pas senti, comme moi, lorsque cet excellent Hercule vous pressait si cordialement sur sa poitrine ? — Nous n'avons qu'un moyen de réparer nos torts : c'est d'abord de renoncer à de coupables relations, ensuite, de faire en sorte qu'il n'en ait jamais aucun soupçon ; — je veux qu'il soit heureux. — Un mot de vous, une maladresse d'un de nous deux, détruirait à jamais son bonheur. — Je ne vous parle pas de sa vengeance, vous savez à quelle violence peut arriver cet homme si bon et si généreux.

— Je vous l'ai dit : — Si vous essayez de me perdre, je vous perdrai avec moi. — J'en agirai de même, si vous m'exposez, par votre conduite, au moindre soupçon de mon mari, soit relativement à vous, soit relativement à toute autre personne.

« — Vous voulez parler de M. de Sorbières?

« — Précisément; vous avez, tous les deux, en ma présence, manifesté des projets...

« — J'ai tout simplement le projet de couper les oreilles à ce beau monsieur.

« — J'ai dans l'esprit qu'il saurait les défendre; mais écoutez-moi. — Une affaire avec M. de Sorbières que vous avez présenté hier à mon mari... ne m'interrompez pas, — lui serait, à bon titre, suspecte. — S'il devine un peu par votre faute, il saura tout par moi. — Je vous le répète encore une fois, vous ne vous battrez pas avec M. de Sorbières.

« — C'est lui sans doute qui vous a priée d'intervenir?

« — Non, et loin de là; j'ai trouvé deux moyens de vous faire céder à ma volonté, et je n'en ai pas encore trouvé un, de l'amener à se contenter de vos excuses.

« — Mes excuses ! mille tonnerres...

« — Ne jurez pas, et écoutez-moi. Voici ce que je vous propose : — J'ai causé de vous... cette nuit... avec Hercule, — je lui ai dit :

« — Tu ne veux plus voyager ?

« — Non, m'a-t-il répondu.

« — Tu parlais de pendre à un plafond d'église la *Belle-Noëmi?*

« — Ça ne se peut pas, mais j'en vais faire faire un modèle qui sera dans la chapelle de Saint-Sauveur.

« — Tu ne comptes pas laisser pourrir ton navire dans les bassins du Havre ?

« — Non certes.

« — Qu'en feras-tu ?

« — Je vais le vendre.

« — Pourquoi ne le vendrais-tu pas à Férouillat ?

« — Férouillat n'a pas d'argent.

« — Raison de plus.

« — Raison bizarre, en tous cas.

« — Non; Férouillat n'a pas d'argent, c'est vrai, mais je t'ai entendu dire cent fois que c'était un des meilleurs capitaines au long cours que tu eusses jamais rencontrés.

« — C'est vrai. Eh bien ! vends la moitié du navire à Férouillat, il te paiera en quelques années sur les bénéfices, et ta part te produira gros entre ses mains.

« — En effet, ça a de bons côtés, ce que tu me dis là.

« — Voilà où en est l'affaire, mon cher Anthime; vous n'êtes pas riche, vous ferez votre affaire avec la *Belle-Noëmi;* — non-seulement vous aurez à vous la moitié du navire, mais encore vous serez avantagé comme capitaine, et Hercule, au besoin, mettra des fonds à votre disposition.

« — Cependant, Noëmi, je ne puis pas, pour des avantages d'argent...

« — Vous n'avez pas le choix, Anthime; si vous vous battez avec M. de Sorbières, vous excitez les soupçons de M. d'Apreville, vous me perdez, et je vous perds.

« — Mais je le hais, cet homme.

« — Qui vous dit de l'aimer?

« — Vous voulez que je fasse des excuses... c'est impossible, j'aime mieux perdre vous et moi; d'ailleurs, l'intérêt que vous lui portez m'exaspère.

« — Je n'exige pas que vous renonciez à votre haine, — mais à une imprudence qui nous perdrait vous et moi. — Je prouverai à Hercule que M. de Sorbières n'était qu'un amoureux et que vous étiez mon amant. — Ajournez seulement votre haine, allez prier M. de Sorbières, en lui disant nos raisons, — de remettre votre affaire à un mois; — il se présentera un prétexte, et vous ferez ce que vous voudrez.

« — Ça, c'est plus raisonnable que des excuses.

« — Faites-le, et le navire est à vous.

« — Vous aviez un peu surfait.

« — Peut-être est-ce décidé.

« — Oui, pour vous sauver.

« Anthime sortit de la maison; la proposition de Noëmi était pour lui une fortune et satisfaisait en même temps ses ambitions de vanité. Il avait tout à gagner à obéir, rien à gagner et tout à perdre à refuser. Cependant il n'exagérait pas sa haine contre René, et il ne fallait rien moins que ce qu'avait imaginé Noëmi pour le décider à en retarder la manifestation. Il alla chez M. de Sorbières.

« Celui-ci lui dit :

« — Ah ! c'est vous, monsieur ?

« — Est-ce que vous ne m'attendiez pas ?

« — Je ne vous attendais plus.

« — C'est juste; je serais venu plus tôt, mais il se présente des circonstances... Je vous hais cordialement, monsieur.

« — Vous m'êtes profondément indifférent, monsieur.

« — Cependant, monsieur, ce que je vous ai dit hier est vrai.

« — Que m'avez-vous dit hier ?

« — Que j'étais l'amant de madame d'Apréville.

« — Eh bien ! que voulez-vous que cela me fasse ?

« — Vous étiez moins froid hier.

« — Oh ! hier, vous insultiez une femme devant moi, je ne pouvais faire moins que de me mettre à ses ordres.

« — Mais vous étiez amoureux de madame d'Apreville ?

« — Monsieur, je ne serai jamais amoureux d'une maîtresse de M. le capitaine Férouillat.

« Anthime crut entrevoir là un moyen de se tirer d'affaire à meilleur marché qu'il ne l'avait cru d'abord.

« — Alors vous n'avez pas envie, dit-il, de vous battre avec moi ?

« — Ma foi ! non.

« — Et vous refusez de vous battre ?

« — C'est différent, je suis prêt à me battre avec vous.

« — Sans en avoir envie?

« — Sans en avoir la moindre envie.

« — Je ne comprends pas.

« — C'est tout simple; madame d'Apreville et vous, vous m'êtes complétement indifférents, je ne vois pas que vous puissiez rien faire l'un ni l'autre, ni séparément ni ensemble, qui puisse m'offenser.

« — Mais alors vous ne voulez pas vous battre?

« — Il m'a semblé hier que vous vous trouviez offensé de ce que j'avais offert à madame d'Apreville de vous jeter par la fenêtre.

« — Oui, certes, et, sans l'arrivée...

« — Sans l'arrivée d'Hercule, je vous aurais fendu le crâne avec une chaise que j'avais prise en vous voyant devenir tout rouge et rouler de gros yeux ridicules. Je vous suppose donc offensé, et, pour cela seulement, je suis prêt à vous rendre raison.

« — J'accepte, nom d'une bombe !

« — Alors je suis à vos ordres.

« — Mais nous ne pourrons nous battre que dans un mois.

« — Pourquoi?

« — Parce que, grâce à la diabolique invention de cette femme, j'ai été obligé de vous présenter hier à

Hercule comme mon ami, — et qu'une affaire entre vous et moi, ce matin, lui inspirerait une curiosité impossible ou dangereuse à satisfaire. Madame d'Apreville m'a demandé d'ajourner ma vengeance à un mois pour ne pas la perdre; elle vous prie d'en faire autant.

« — Je n'ai pas de vengeance à exercer, capitaine Qui-que-ce-soit.

« — Que voulez-vous dire?

« — Ah! pardon! c'est comme cela que nous vous appelions avec madame d'Apreville.

« — Est-ce une injure?

« — Non, c'est un nom d'amitié qu'elle vous donnait.

« — Je ne vois pas ce qu'il y a là de spirituel.

« — Je ne vous ai pas annoncé la chose comme spirituelle... moi, je vous appelais Hortensius Férouillat Bouche d'or, à cause de votre éloquence.

« — Vous avez l'air, monsieur, de vouloir rendre impossible ce que j'ai promis à Noëmi.

« — Qui est-ce, Noëmi?

« — Madame d'Apreville.

« — Ah!... Il est singulier qu'un homme qui renonce à demander satisfaction d'une offense, pour ne pas compromettre une femme, se permette de l'appeler Noëmi.

« — Je ne renonce pas, monsieur, au contraire... votre air goguenard augmente mon impatience. — Je vous demande satisfaction pour d'aujourd'hui en un mois, à pareil jour et à pareille heure.

« — Très-volontiers.

« — Je trouverai un prétexte pour M. d'Apreville ; vous ne me démentirez pas.

« — A condition, capitaine, que vous soumettrez le prétexte à mon approbation, que vous serez toujours l'offensé.

« — J'y compte fichtre bien ; je ne veux pas perdre le choix des armes.

« — Je veux vous avoir offensé d'une façon qui ne soit pas ridicule.

« — Ainsi, c'est convenu.

« — Parfaitement convenu.

« — Dans un mois, à neuf heures du matin.

« — A l'heure que vous voudrez.

« — J'ai le choix des armes.

« — Et moi le choix de l'offense. »

III

«Férouillat s'en alla en écumant; l'air froid et ironique de René lui faisait paraître un peu cher le commandement de la *Belle-Noëmi*. — La réflexion cependant le calma.—En vrai Normand, il n'avait pas parlé de l'arme qu'il se proposait de choisir. — Il se piquait d'être de première force au sabre, arme peu familière aux bourgeois, et l'incertitude où il laissait M. de Sorbières l'empêchait d'avoir l'idée de s'exercer; il se considérait donc comme parfaitement sûr de sa vengeance, et il choisissait en espérance quelle partie de son adversaire il aurait le plus de plaisir à entamer. — Il ne put rendre compte de sa négociation à Noëmi que par un signe. — Il déjeuna avec Hercule, qui l'emmena au Havre pour présider au déchargement du navire. L'aspect de la *Belle-Noëmi*, ravissante goëlette en effet, d'une marche supérieure, le séduisit comme marin; la riche cargaison qu'elle recélait dans ses flancs l'enivra comme marchand; il ne trouva plus rien trop cher pour payer le commandement du navire et les espérances de fortune qu'il entrevoyait.

Le capitaine d'Apreville ne lui parla de rien, — mais paraissait se complaire à son admiration, que le rusé Normand Férouillat avait soin de faire porter beaucoup plus sur les qualités de la goëlette que sur la valeur des marchandises,—de quoi l'autre Normand, non moins rusé, n'était nullement dupe.

« Pendant ce temps, Noëmi alla chez René.

« — Monsieur, lui dit-elle, après-demain, si vous le voulez, vous saurez, à n'en pouvoir douter, que la femme que vous avez aimée a été plus malheureuse que coupable.

« — Je n'ai envie de rien savoir, madame.

« — Je n'insisterai pas, monsieur ; vous saurez seulement qu'après-demain j'aurai ces preuves entre les mains. Peut-être un sentiment de justice, le désir de ne pas avoir trop mal placé votre amour, vous inspireront la pensée de me les demander. Je ne vous en reparlerai pas. Je viens vous avertir que vous pouvez, avec un peu de complaisance, m'empêcher d'être perdue. Il faut que l'on vous voie quelquefois chez moi ; votre disparition inspirerait tout naturellement des soupçons... Ne me croyez pas lâche cependant. Vous ne m'aimez plus, vous ne pouvez plus m'aimer !...Si vous m'aimiez, peu m'importerait le hasard d'une révélation; mais, puisque vous ne m'aimez plus...

« Elle donna le temps à René de l'interrompre, mais il n'en fit rien.

« — Puisque vous ne m'aimez plus, il faut que je m'occupe de mon enfant; il faut que j'écarte de l'esprit de M. d'Apreville des soupçons qui le rendraient bien malheureux. Vous avez promis de venir dîner aujourd'hui à la maison ; vous y viendrez, n'est-ce pas ?

« — Si cela vous est utile, madame.

« — Merci ! monsieur.

« Noëmi avait déjà écrit à Julie Quesnel de lui envoyer le plus promptement possible les lettres où elle lui avait parlé de son désespoir et de ses sentiments haineux contre Férouillat, lorsqu'elle avait commencé à aimer M. de Sorbières. — Ces lettres, portant le timbre de la poste, étaient en effet une preuve qu'il n'y avait pas eu trahison de la part de Noëmi contre René. Elle aimait René, et ne renonçait pas à son amour; cependant la vie opulente, la vie de luxe que lui rapportait Hercule d'Apreville enivrait son imagination, — elle ne voulait pas perdre sa position ; les femmes de bonne foi comprendront ici un détail que les autres nieront avec colère, et qui étonnera certains hommes : — de riches étoffes des Indes qu'elle trouva en rentrant chez elle et que le capitaine d'Apreville avait envoyées de la cargaison de la *Belle-Noëmi*, lui montèrent à la tête ; elle vit ces étoffes façonnées en robes, elle en rêva les plis : — elle se dit bien qu'elle serait ainsi charmante aux yeux de René, mais cependant elle n'osa pas se demander si elle renoncerait à ces robes pour René. D'ailleurs ces robes la transportaient en esprit à Paris, dans les bals, dans les fêtes ; — tout se traduit en robes pour les femmes et — la robe oblige ; — une fois qu'on a une robe qui ne peut se mettre que dans certaines circonstances, on appelle ces circonstances, quelles qu'elles soient, des vœux les plus ardents. On les fera arriver malgré tout le monde, malgré la nature entière.

« Une femme, — une blonde, — le noir leur va si bien, — à laquelle on ferait voir un vêtement de deuil nouveau, coquet, élégant, — regarderait avec impatience si quelqu'un ne va pas bientôt mourir dans sa famille, — elle découvrirait sans chagrin des signes funestes sur les visages. S'il existait une très-belle robe, une robe d'une splendeur hors ligne, que l'on ne pût mettre que pour aller à l'échafaud, il ne manquerait pas de femmes qui feraient en sorte de mettre cette robe.

« J'ai vu une femme faire marier des gens qui ne s'aimaient pas avant les noces et qui se sont détestés ensuite toute leur vie, parce qu'elle avait une certaine robe qui ne se pouvait endosser convenablemet que dans une solennité de ce genre, la maîtresse de la robe n'allant pas dans le monde.

« Une autre a forcé son mari d'abandonner une grande exploitation en Afrique, laquelle les faisait vivre dans l'aisance et leur assurait une fortune, pour venir tenter en France les chances incertaines d'une nouvelle affaire, — parce qu'elle avait reçu en présent, d'un parent négociant, un magnifique manteau de fourrures qu'elle voulait avoir occasion de porter. »

René de Sorbières à Augustin Sanajou.

« J'ai eu plusieurs fois occasion de penser que, si on faisait scrupuleusement un compte avec les femmes que l'on a aimées, si l'on inscrivait avec l'exactitude que vous mettez dans vos livres, vous autres négociants, par *avoir* et *doit*, les plaisirs qu'elles nous donnent et les chagrins qu'elles nous causent, la *balance s'établirait*, comme vous dites, singulièrement à *la charge* de l'amour.

« Quand on voyage, tous les pays, presque, paraissent charmants.

« Il suffit d'un rayon de soleil qui tombe sur la mousse qui recouvre de son manteau de velours le plus pauvre toit de chaume, pour rendre ce toit de chaume cent fois plus beau que le Louvre, pour faire croire qu'aux deux coins du foyer, dont on voit à la fin du jour monter la fumée lente et bleuâtre, sont des gens qui s'aiment fidèlement.

« On envie le pâtre qui ramène ses troupeaux des landes à l'étable.

« On envie le laboureur qui, sur la colline, avec ses bœufs et sa charrue, se détache en silhouette noire sur le ciel empourpré par le soleil levant.

« Il semble que là est le bonheur.

« Les habitants sont pour vous curieux et avides ; cela a l'air pendant quelques jours d'être un accueil bienveillant et une tendre sympathie.

« Mais, si l'on séjourne pendant quelque temps, on ne tarde pas à voir tout cela, non pas se transformer, mais reprendre sa vraie forme, — et on est forcé de résumer ainsi ses impressions définitives :

« Il y a quelque chose de trop dans tous les pays : les habitants.

« Il faudrait ne s'arrêter que quelques jours, que quelques heures, et on s'en irait en disant : — Ces bons villageois ! — ou toute autre niaiserie équivalente.

« Il en est de même de l'amour : il faudrait l'écrémer ; — mais, si vous voulez boire jusqu'au fond du vase, vous risquez de trouver du petit-lait aigre.

« Il faut faire l'amour comme on mange du poisson, ne pas avaler les arêtes.

« Certes, j'ai été amoureux de Noëmi.

« Bien plus, je vais te dire à toi ce que je ne me dis pas tout à fait à moi-même :

« Je suis encore amoureux d'elle ; — le plaisir que j'ai à la haïr, à la mépriser, — à riposter douloureusement à ses perfidies, est encore de l'amour.

« Tant qu'on hait, on aime encore.

« Elle prétend que certaines lettres..... Tiens, voici qu'on m'en apporte une d'elles.

« Cette lettre contient celles qu'elle écrivait à une de ses amies lorsque je commençais à m'occuper d'elle.

« Voici d'abord sa lettre :

Noëmi d'Apreville à René de Sorbières.

« Voici, monsieur, des lettres que j'avais écrites à une amie, et que je ne pensais pas devoir jamais être remises sous vos yeux, car elles contiennent une révélation que j'aurais voulu vous épargner, fût-ce même aux dépens de ma vie.

« Vous verrez, monsieur, si vous daignez les lire, que je ne vous ai pas trahi, — que du jour où je vous ai dit : — Je vous aime, — j'ai repoussé opiniâtrément, au risque des dangers que pouvait me faire courir sa haine, les emportements de cet homme si indigne de moi, et qui, je le crains, m'a rendue indigne de vous.

« Hélas ! monsieur, savais-je que j'aimerais un jour, et que je vous aimerais ?

« Pourquoi n'êtes-vous pas venu plus tôt !

« Je ne vous demande pas de me rendre votre amour, monsieur, dont je porterai éternellement le deuil dans mon cœur, — mais, si vous m'abandonnez, que ce soit parce que je m'étais déshonorée, avant de vous connaître, par une faute sans prétexte, mais que ce ne soit pas parce que je vous ai trahi.

« J'ai bien souffert, monsieur, de cette flétrissure ;

mais l'amour que j'étais si heureuse de ressentir, et dont je vous devais la connaissance, me semblait une flamme si ardente qu'il me paraissait pouvoir me purifier et me rendre digne de vous.

« Je m'étais laissé aimer, mais je n'ai aimé que du jour où je vous ai rencontré...

« Je m'arrête, monsieur; je n'ai voulu que me justifier sur un point, et je me laisserais aller à vous peindre ce que je souffre et à exciter votre pitié. Dites-moi un mot, un seul, le dernier ; que je sache que vous m'abandonnez parce que j'ai eu le malheur de ne pas vous attendre, de ne pas deviner le sentiment céleste que vous deviez seul m'inspirer, mais que vous ne m'accusez ni de trahison ni de perfidie.

« Ensuite, monsieur, vous ne me verrez plus, je me prêterai au désir qu'a M. d'Apreville, que j'ai eu moi-même autrefois, d'habiter Paris, et vous ne serez exposé que par des hasards peu probables à rencontrer une femme qui bénira toujours votre souvenir en reconnaissance des richesses que vous lui avez fait découvrir dans son cœur.

« Noémi. »

Post-scriptum de l'auteur. — Il va sans dire que

madame d'Apreville avait fait un triage intelligent dans celles de ses lettres que lui avait renvoyées Julie Quesnel.

Suite de la lettre de René de Sorbières à Augustin Sanajou.

. . . .

« Ah! oui, — pourquoi ne suis-je pas venu plus tôt! — Eh! mon Dieu! si je n'étais pas jaloux de ce Férouillat, je le serais de son mari.

« C'est horrible, c'est méchant de la part de Dieu de nous avoir mis au cœur des désirs insatiables, un besoin de choses qui n'existent pas. — On ne peut être amoureux d'une femme sans remonter le cours de sa vie. — Il n'y en a pas une qui vous arrive à la fois vierge d'esprit et de corps.

« Une vieille femme de mes amies, qui aime à raconter, c'est-à-dire à se promener avec un ami dans les sentiers verts et fleuris où s'est passée sa jeunesse, — m'a avoué qu'elle avait ressenti son premier amour à l'âge de sept ans.

« Elle a été à sept ans amoureuse, jalouse et désespérée. Quand un garçon, d'une trentaine d'années, qui lui apportait des bonbons et qui la faisait sauter sur ses genoux, s'est marié, — elle s'est renfermée dans sa chambre, pour pleurer à sa fantaisie, — pour l'appeler ingrat et perfide.

« Et quand on voit aux Tuileries toutes ces petites filles, — qui, sous prétexte de sauter à la corde et de jouer au cerceau, recueillent les regards des passants et des promeneurs comme elles cueilleraient dans une prairie des pâquerettes et des boutons d'or, — quand on se rappelle l'histoire de son propre cœur, on voit que l'amour commence de bien bonne heure — et ne finit pas, — que c'est la vie, — et que rien n'est plus malheureux et plus absurde à la fois que de vouloir demander à une femme que l'on rencontre, quand elle a vingt-cinq ans, d'avoir comprimé jusque-là les battements de son cœur; d'avoir attendu pour aimer que vous, dont elle ne connaissait pas l'existence, — vous plût de venir réclamer ce trésor qu'elle aurait conservé contre tous les efforts. Vous pouviez ne pas venir; peut-être même, si vous vous étiez su si bien attendu, auriez-vous cru avoir peu d'intérêt à venir. Est-ce que, moi, je n'ai pas été très-amoureux, à dix ans, d'une grande belle jeune fille de vingt-quatre ans qui m'appelait son petit mari et qui m'emmenait partout avec elle ?

« Je lui servais de prétexte, de maintien, de porte-respect. — Me tenant par la main, elle avait l'air d'une jeune femme mariée — avec son enfant.

« On la laissait sortir avec moi, et on ne l'eût pas laissée sortir seule. Je lui rendais possible de rencontrer un monsieur. — Tiens, je sens encore que, dans le choix de ces mots : «un monsieur, » pour parler du beau jeune homme très-élégant qui lui faisait la cour, j'ai conservé une sorte de haine contre lui. Quand j'ai appris leur mariage, je me suis cru trahi. — A douze ans, ensuite, n'ai-je pas fait mes premiers vers, que j'écrivais en moyen, — je ne savais pas écrire en fin, — pour ma voisine, que je rencontrais souvent dans l'escalier ? Mais déjà plus vicieux, j'étais naturellement plus timide. Je n'osais pas lui donner mes vers. Je les perdais dans l'escalier, que je descendais rapidement devant elle, après l'avoir attendue plusieurs heures ; puis, ensuite, j'avais peur d'elle ; j'évitais de la rencontrer.

« Non, cet amour que nous demandons tous, le premier et le seul de toute la vie d'une femme, il n'existe pas. — Cet amour exclusif n'existe pas non plus. — On peut, pendant un temps, n'aimer qu'un homme, mais on aime l'amour des autres, mais on sent avec plaisir des regards ardents sur son visage.

— Mais..... alors, je le demande encore, pourquoi tant de désespoir de ne pas trouver ce qui n'est pas ?

« On ne se désespère pas de ce que les arbres ne sont pas bleu de ciel et lilas comme dans les tableaux de certains peintres du temps de Louis XV.

« On ne se désespère pas de ne pas voir dans les prairies les moutons teints de pourpre ou de safran dont parle Virgile.

« On n'exige pas les arbres ni les moutons des livres et des tableaux : pourquoi exige-t-on l'amour des livres ? — Pourquoi demande-t-on aux femmes d'être autre chose que des femmes ? — C'est qu'une Providence ennemie nous a mis en germe dans la tête et dans le cœur un portrait fantastique impossible. — C'est que nous sommes tous comme Don Quichotte qui cherche une Dulcinée impossible... Certes, Noëmi, femme d'Hercule d'Apreville, maîtresse d'Anthime Férouillat, n'est pas la femme de mes rêves, la femme que j'inventerais ; mais elle est encore la plus séduisante de celles que j'ai rencontrées dans toute ma vie.

« Une femme qui aurait attendu jusqu'à vingt-six ou vingt-sept ans qu'elle a, je suppose, la rencontre de M. René de Sorbières qu'elle ne connaissait pas, dont elle ignorait l'existence, serait à coup sûr une personne peu disposée à l'amour, et dont le cœur ne pourrait guère contenter les ardeurs du mien. — Noëmi ne m'a pas attendu ; mais du jour où elle m'a dit qu'elle m'aimait, elle m'a été fidèle, elle s'est conservée à moi malgré les obstacles et les dangers...

« Mais que dis-je ? J'aurais pu abréger cette longue et inutile lettre — en te disant simplement : — Je l'aime...

« Je l'aime et je souffre — quand je me représente cette femme accueillant les empressements d'un Férouillat. — Férouillat heureux ! — La haine et la rage s'emparent de moi, — et je me rappelle avec joie que ce Férouillat m'a provoqué ; — que dans quelques jours je le tiendrai au bout d'une épée. — Il faut que je le tue, lui qui a aimé, qui a possédé a femme que j'aime...

  « René. »

IV

Le dîner chez les d'Apreville fut somptueux et surtout abondant.

Le capitaine avait invité trois autres capitaines au long cours, — qui regardèrent avec une sorte de défiance un homme d'une nature aussi différente de la leur que l'était René de Sorbières.

Les marins ne font pas grand cas des soldats, mais ils les mettent cependant infiniment au-dessus des bourgeois ; — ils mettent une grande distance entre un marin et un soldat ; — mais la distance entre un soldat et un bourgeois est telle que ça ne se mesure pas. Il faut bien qu'il y ait des soldats pour apaiser les querelles des marins dans les cabarets, — et pour garder les arsenaux de la marine et pour quelques autres menus détails. — Les soldats sont plus à plaindre qu'à blâmer, c'est une classe inférieure, mais c'est une classe, tandis que les autres... on ne sait ce que c'est.

Rien n'est si ordinaire que d'entendre un marin

dire d'un homme qui lui déplaît : — A quoi ça peut-il servir? ça n'est ni marin ni soldat.

Ce dîner fut du reste ce qu'est un dîner en Normandie, et probablement dans d'autres endroits que je ne connais pas, — les plats et les bouteilles se succédèrent pendant deux heures.

C'était le commencement.

Cependant la situation de M. de Sorbières n'était pas très-facile, — il ne pouvait se mêler en rien à la conversation des marins. — On sait sous quels rapports il connaissait Anthime Férouillat ; — il n'eût pas été amoureux de madame d'Apreville, qu'il n'eût pas eu néanmoins d'autre ressource que de s'occuper d'elle ; — mais Férouillat s'en aperçut avec colère et Hercule d'Apreville avec inquiétude.

Vers le milieu du dîner, au moment où l'appétit des convives paraît commencer à se ralentir, il est d'usage de leur servir la moitié d'un verre ordinaire d'eau-de-vie qu'on appelle cognac, de tafia ou de genièvre, — cela s'appelle « *faire un trou*, » après quoi l'on sert les grosses pièces de viande et on recommence à manger et à boire de plus belle. — Le *trou* se fit avec du genièvre. René de Sorbières, qui n'aimait pas le genièvre, refusa d'en prendre, — les autres convives, toujours selon l'usage, trinquèrent en choquant leurs verres.

René, qui n'avait rien dans le sien, se trouva naturellement excepté de cette manifestation amicale.

Cela mit encore plus de froid entre lui et le reste de l'assemblée.

Férouillat, s'adressant à un des convives qui avait levé son verre un peu vite pendant qu'on versait, et qui avait bu moins de genièvre que les autres, le traita de *buveur* d'eau, et lui adressa tous les sarcasmes rassemblés depuis des siècles contre les buveurs d'eau. — Pour Férouillat et pour ses compagnons, ces sarcasmes s'appliquaient au moins autant à M. de Sorbières qu'à celui auquel ils étaient directement adressés. — Férouillat, se voyant du succès, *alla de l'avant*, comme disent les marins, et il continua à attaquer en apparence son compagnon, en lui faisant des plaisanteries qu'il n'aurait pas adressées à M. de Sorbières, et que sa familiarité avec les marins excusait suffisamment.

René se trouva embarrassé, il ne pouvait se fâcher de paroles qui ne lui étaient pas dites à lui-même ; Férouillat eût nié toute intention malveillante, mais il sentait bien qu'il était en ce moment le jouet et le plastron de l'assemblée. — Hercule d'Apreville, dont il était l'hôte, loin de détourner la conversation comme il eût dû le faire, encourageait par un rire un peu forcé les lazzis de ses convives.

René, pour se donner une contenance et feindre de ne pas entendre les attaques dont il était l'objet, se mit à causer presque à voix basse avec Noëmi. Le capitaine d'Apréville s'en émut, et adressa à sa femme deux ou trois observations où la mauvaise humeur n'était pas difficile à discerner; — il lui reprocha de ne pas surveiller le service, de ne pas donner d'ordres aux domestiques; il se mit en grande colère à propos ou sous prétexte plutôt de je ne sais quel *fricot* manqué — et s'en prit à elle.

Férouillat ne pouvait qu'appuyer sur le malheur arrivé au *fricot*, il ne s'en fit pas faute.

Il rappela d'autres circonstances où ce même fricot était délicieux.

René, impatienté, l'appela capitaine Chrysostome. — Un convive demanda l'explication. — Tout le monde rit beaucoup, lorsqu'on sut que c'était à cause de son éloquence que l'on appelait Bouche d'or le capitaine Anthime Férouillat, connu dans les deux mondes pour la difficulté de son improvisation,

Anthime, irrité d'être l'objet de la gaieté générale, refusa de trinquer avec M. de Sorbières, — lorsque vint ce moment du festin où chacun ouvrit son cœur sans inconvénient à des voisins qui étaient trop occupés à en faire autant pour entendre un mot de ce qu'on leur disait. — Hercule d'Apreville seul était taciturne, il jetait de temps en temps un coup d'œil inquiet sur sa femme, sur René, sur Férouillat. — Celui-ci surtout n'aurait pas non plus été mauvais à écouter pour quelqu'un qui aurait voulu savoir.

Il parla des gens qui ne buvaient pas, — des *mirliflors*, — des hommes qui avaient de jolies mains comme les femmes, — et qui ne sauraient manier ni un aviron, ni une hache. — René, qui se sentait désigné au moins autant par les regards des autres convives que par les paroles incohérentes du capitaine Férouillat, se laissait impatiemment contenir par de douces paroles de Noëmi. — Celle-ci, inquiète, n'osait quitter la table, quoique, selon son usage, elle l'eût dû faire depuis plus d'un quart d'heure. — Elle se décida cependant à se lever de table, — lorsqu'elle s'aperçut que d'Apreville s'alarmait de son séjour prolongé; — alors un des convives porta la santé de madame d'Apreville; — elle dut choquer contre tous

les verres un verre dans lequel elle trempa ses lèvres.
— Elle remarqua encore que Férouillat avait évité d'approcher son verre de celui de René, et, au milieu du tumulte des voix, — elle distingua ces paroles prononcées d'un ton ironique par le futur capitaine de la *Belle-Noëmi : A la fidèle épouse du capitaine d'Apreville!* — Elle se hâta de quitter la salle, — en jetant un dernier regard destiné à calmer M. de Sorbières qu'elle avait prié de s'en aller un quart d'heure après elle et de ne pas demander à la voir.

Noëmi partie, on alluma le punch et les pipes.

A peu près au même instant, Mathilde vint dire à Férouillat que madame d'Apreville avait à lui parler.

Et René de Sorbières se levant, pria Hercule de venir un instant avec lui dans l'embrasure d'une croisée.

Là, il lui dit :

— Capitaine, j'ai accepté avec empressement l'invitation cordiale que vous m'avez faite; — vous êtes mon hôte, — vous ne devez pas souffrir que je sois insulté chez vous. — Le capitaine Férouillat est ivre, et sans motif voilà deux fois qu'il refuse de trinquer avec moi; — tout le monde l'a remarqué. — Je vous prie de vous charger d'une commission pour lui. —

A la première santé qui va se porter, si le capitaine Férouillat ne choque pas son verre contre le mien,— je lui jetterai le punch au visage.

— Vous ne feriez pas cela, monsieur! dit Hercule.

— Je le ferai, monsieur; je sais que vous êtes brave, et vous ne trouverez pas mauvais que je fasse ce que vous feriez à ma place. — Si le capitaine Férouillat a quelque sujet de mécontentement contre moi — je suis parfaitement à ses ordres; — mais ce n'est pas une raison pour qu'il m'insulte chez un ami commun.

— Comment?... des amis...

— On ne se brouille pas avec les gens qu'on ne connaît pas, capitaine, et d'ailleurs je veux que mes amis qui me connaissent plus que les autres me respectent aussi davantage.

D'Apreville s'inclina en signe d'assentiment; René lui prit la main et la serra; — d'Apreville se laissa serrer la main.

Anthime rentra donnant la main à Noëmi. Le capitaine d'Apreville lui fit signe d'aller à lui, et l'emmena dans l'embrasure. Il ne ménagea pas les termes de la commission dont il était chargé pour lui. M. de Sorbières ne lui plaisait pas. Ses conversations à voix basse avec Noëmi pendant le dîner lui inspiraient des inquiétudes. Il n'était pas fâché qu'il eût une querelle avec quelqu'un. Il eût préféré que ce fût avec lui-même. Il savait Férouillat vaniteux et médiocrement endurant. Il était persuadé qu'il arriverait quelque chose qui chasserait M. de Sorbières de la maison.

Quel ne fut pas son étonnement lorsqu'il vit Férouillat, successivement rouge et pâle de colère, répondre cependant, de la voix vibrante et saccadée avec laquelle on lancerait un défi :

— Monsieur de Sorbières se trompe ; je n'ai rien contre lui, et je vais avec plaisir choquer mon verre contre le sien !

— Allons ! répondit d'Apreville, tu as un bon caractère...

Noëmi, voyant tout le monde en place, — se mit debout auprès de son mari, — et dit :

— Pardon ! messieurs, je suis rentrée pour vous proposer une santé que nous avons oubliée.

— D'abord, à la santé de madame d'Apreville ! — cria un des capitaines.

— A la santé de madame d'Apreville ! — hurlèrent tous les autres.

Noëmi laissa mettre du punch dans son verre, et chacun se levant vint trinquer avec elle. — Elle fixa ses regards sur les yeux de Férouillat, retourné à sa place, fit remplir les verres, — et dit :

— Maintenant, messieurs, à la santé du nouveau commandant de la *Belle-Noëmi*, — du capitaine Anthime Férouillat!

On répondit à ce toast par des acclamations sauvages. — Férouillat ému choqua son verre contre celui de Noëmi, puis contre celui de d'Apreville.

René s'était levé, avait fait la moitié du chemin, tendit son verre, et répéta d'une voix calme :

— A la santé du capitaine Férouillat!

Férouillat, pâle comme un mort, jeta un coup d'œil sur d'Apreville et sur sa femme. Tous deux l'observaient avec une expression différente. Il hésita, rencontra les yeux de Noëmi, alla à la rencontre de René, choqua son verre contre le sien, et lui dit :

— Grand merci! monsieur de Sorbières.

Puis il vida son verre. Mais en retournant à sa place, sa main crispée serra tellement le verre qu'il éclata en morceaux et qu'il fut blessé. Il entoura son poignet de sa serviette et continua à boire de la main gauche.

Deux personnes seulement s'étaient aperçues de cet accident : d'Apreville et sa femme.

Le capitaine Anthime Férouillat qui passait, en fait de boisson, pour être d'un très-fort jaugeage, but ce soir-là plus que de coutume, et quand les autres s'en allèrent un peu plus d'à moitié ivres à une heure du matin, il lui eût été difficile de les suivre ; mais il avait une chambre dans la maison.

D'Apreville, retiré dans la sienne avec sa femme, se promena de long en large, longtemps après que celle-ci fut couchée. — De temps en temps il lui parlait de M. de Sorbières : — elle répondait vaguement et naturellement. — Alors il lui reprocha de l'avoir engagé tout à fait avec Anthime par cette santé qu'elle avait proposée ; — mais elle lui fit facilement reconnaître que son intention de donner à Férouillat le commandement de la *Belle-Noëmi* était formelle.

— Pourquoi n'aurions-nous pas ce soir donné cette joie à ton plus ancien ami, au milieu de vos amis à tous deux ?

— M. de Sorbières a été très-ennuyeux, dit alors Hercule.

— Je ne crois pas qu'il se soit beaucoup amusé non plus. — Vous étiez tous marins, il ne comprenait pas la moitié de ce que vous disiez. Je m'efforçais de lui parler ; mais j'étais avec lui dans la position où il se trouvait avec vous autres. — Je ne pouvais lui parler du monde où il vit et que je ne connais que comme je connais l'Amérique, par ouï-dire.

Hercule ne parla pas de la commission dont René l'avait chargé pour Anthime. — C'était un triomphe pour M. de Sorbières, il n'avait aucune envie d'y faire assister Noëmi.

Alors il grommela sur divers autres sujets, — sur le fricot manqué, — sur le vin de Bordeaux qui n'était pas assez chaud et sur le vin de Champagne qui n'était pas assez froid, — sur le service de Mathilde que, d'ordinaire, il défendait avec opiniâtreté, lorsque Noëmi avait à s'en plaindre.

Noëmi fit semblant de dormir. — Hercule se coucha, ne trouvant plus personne à quereller, et les deux époux passèrent la nuit, — Noëmi tapie dans la ruelle, — Hercule suspendu au bord du lit. — Ils ne fermèrent l'œil ni l'un ni l'autre, — chacun des deux croyant l'autre endormi.

Hercule était jaloux et inquiet.

Noëmi, fort troublée de cette inquiétude, cherchait

les moyens de la dissiper sans renoncer à René de Sorbières.

Il est presque inutile de dire ce qui s'est passé entre Férouillat et Noëmi lorsque celle-ci avait fait demander le capitaine par Mathilde, — du moins, je ne le rapporterai que sommairement. — Noëmi avait fait de vifs reproches à Férouillat de son attitude vis-à-vis de René. — Vous amènerez un éclat, lui avait-elle dit; — mais je vous renouvelle mon serment de vous perdre avec moi, — ou plutôt de me servir de votre perte pour me sauver. — Au contraire, réparez votre sottise, — je vais rentrer et à la fois vous donner une occasion d'être poli à l'égard de M. de Sorbières et engager formellement Hercule avec vous.

Après quelque hésitation, Férouillat, dont le commandement de la goélette faisait la fortune, — qui savait Noëmi femme à le perdre en se sauvant elle-même, grâce à son adresse et à l'amour qu'avait pour elle Hercule d'Apreville, — Férouillat, se rappelant que cela ne l'empêcherait pas d'avoir dans peu de temps M. de Sorbières au bout de son sabre, avait pris le parti d'obéir à Noëmi, à la façon dont les tigres apprivoisés obéissent à leurs maîtres, pour lesquels ils ressentent un mélange confus de crainte, de haine et d'appétit.

Au déjeuner, d'Apreville fut taciturne. — Noëmi, parfois en levant les yeux, trouvait attachés sur elle des regards qu'il détournait aussitôt. — Après le déjeuner, il alla à la ville avec Férouillat. — Noëmi essaya de rencontrer René, d'abord elle alla se promener du côté de son jardin, puis elle se détermina à aller chez lui. — Il était sorti depuis le matin, Bérénice ne savait pas quand il rentrerait, — il était allé dans la forêt avec son fusil.

Noëmi lui laissa un billet pour lui recommander de ne pas venir chez elle pendant quelques jours — à cause de l'inquiétude que montrait d'Apreville.

Celui-ci était déjà rentré; quand elle revint, il fumait à la fenêtre. — Quand il lui demanda d'où elle venait, — sa voix tremblait, — elle répondit qu'elle venait d'aller voir une femme du voisinage qui était malade.

A ce moment, cette femme passait dans la rue. D'Apreville et Noëmi l'aperçurent en même temps. Noëmi se fâcha. — C'est insupportable, dit-elle, tu me fais mentir avec tes questions — parce que je m'ennuie, pendant que tu vas je ne sais où avec ton Férouillat, je vais me promener un peu et prendre l'air;

tu me demandes d'où je viens d'un air tellement sinistre, que j'ai peur, et je te réponds par des mensonges, et quels mensonges ! des mensonges si bêtes, si mal faits, que tu devrais m'en estimer davantage. Une femme accoutumée à mentir s'en tirerait mieux que moi. Hercule ne répondit pas, mais un quart d'heure après, il dit : —Je t'avais dit, en partant, que je ne voulais pas que tu fisses connaissance avec M. de Sorbières.

—Je t'ai dit comment ça s'est fait... c'est Férouillat qui l'a amené, et comme tout ce que fait Férouillat, ajouta-t-elle ironiquement, est bien fait... d'ailleurs, si cela t'ennuie, il est facile de ne plus le voir, il n'a déjà pas dû beaucoup s'amuser ici — et, si tu veux, je lui dirai que tu ne veux pas que je le voie.

— Pourquoi ne pas lui dire tout de suite que je suis jaloux ?

— Parce que je ne crois pas que tu me fasses cette injure ; — je lui dirai que tu es une espèce d'ours, que la vue d'un nouveau visage t'ennuie et te gêne. — Ah çà ! est-ce que tu serais jaloux, par hasard?

Hercule regarda sa femme fixement.

Elle ajouta :

— Ce pauvre M. de Sorbières ! il a bien affaire

d'une petite paysanne comme moi, lui qui vit dans le grand monde, dans le monde élégant...

— Ce n'est pas que je sois jaloux, mais je t'ai trouvée un peu trop familière avec lui...

— Qui? moi? familière... non, je tâchais de faire en sorte qu'il ne s'ennuyât pas tout à fait autant. — Toi et tes convives vous ne pensiez pas plus à lui que s'il avait été à cent lieues... Aussi il n'est pas certain qu'il revienne... après une visite qu'il te doit pour le dîner... s'il vient pendant ton absence, je ferai dire que tu n'y es pas.

— Allons! des exagérations à présent... je veux seulement qu'il ne prenne pas d'habitudes dans la maison. Il ne me plaît pas, voilà tout.

D'Apreville resta soucieux.

Dans la journée, Mathilde monta une lettre pour madame, Hercule s'en saisit. — Noëmi, aussi pâle que lui, le laissa faire. — Cette lettre était longue, commençait par des banalités; — il regarda la signature — Julie Quesnet; — il la donna à sa femme qui n'osa pas la lire devant lui, dans la crainte qu'il ne se ravisât. — En effet, si Hercule avait lu, il n'aurait plus gardé aucun doute, — il était question — fort longuement et de René de Sorbières et de Férouillat;

— lorsque plus tard Noëmi la lut, elle frémit et la brûla ; — elle avait craint un moment que ce ne fût une lettre de René ; elle n'en aurait pas dit davantage que celle de Julie, mais d'Apreville l'aurait lue. Elle prit alors la résolution de brûler également les autres lettres de Julie et celles de René qu'elle avait toutes conservées.

Mais son mari ne sortit pas ; — elle feignit en vain que l'odeur du tabac l'incommodait, espérant qu'il irait, comme il le faisait quelquefois, fumer à un petit taudis, décoré du nom de café, qui était dans le voisinage, — mais il éteignit sa pipe.

Le soir elle essaya de le faire coucher avant elle, elle supposa un ouvrage de couture à finir ; — mais Hercule s'obstina à rester. — Tous deux étaient accablés de fatigue, ils n'avaient pas dormi la nuit précédente ; — ils s'endormaient malgré eux dans leurs fauteuils.

— Hercule, tu dors, mon ami, va donc te coucher.

— Mais tu n'as pas déjà les yeux si bien ouverts, et ils sont tout rouges.

— C'est qu'au contraire, moi, je ne dors pas, je pense à mes comptes avec Férouillat, — je ne me coucherai pas de sitôt, va te coucher, toi.

Noëmi prit tout à coup une résolution, et dit :

— Eh bien ! j'y vais.

Elle se leva et alla s'enfermer dans sa chambre avec bruit ; puis elle ressortit tout doucement, monta nu-pieds dans une petite chambre où elle avait caché les lettres et où était la bibliothèque. Elle les prit pêle-mêle dans sa robe, redescendit en toute hâte, s'enferma à double tour, jeta les lettres dans la cheminée et elle mit le feu aux papiers.

Or, si Hercule s'était opiniâtré à rester debout, c'est qu'il voulait précisément chercher dans cette bibliothèque s'il ne trouverait pas des lettres. Il s'était, dans la journée, repenti de ne pas avoir lu la lettre de Julie Quesnet ; l'émotion de sa femme l'avait frappé ainsi que le soin qu'elle avait eu de ne pas lire cette lettre en sa présence.

Il se rappelait qu'autrefois sa femme écrivait souvent dans cette petite chambre où lui ne montait jamais, n'ayant jamais lu de livres que ceux qui lui avaient été nécessaires pour ses études et ses examens de capitaine, et quelques journaux qu'il emportait à son bord dans ses voyages, et qu'il lisait en route, mais jamais à terre.

Quand il entendit Noëmi enfermée dans sa chambre, il monta à la bibliothèque, s'y enferma à son tour, et chercha.

Il vit un petit meuble, — sorte de secrétaire sur lequel étaient les objets nécessaires pour écrire ; — un grand tiroir était ouvert et vide, — on eût dit un nid abandonné.

Il soupçonna un moment la vérité, c'est-à-dire que Noëmi avait enlevé les lettres.

Il redescendit à la chambre conjugale.

Noëmi, qui, malgré le soin qu'il avait pris de ne pas faire de bruit, l'avait parfaitement entendu marcher dans la bibliothèque, agitait convulsivement les papiers enflammés pour les faire brûler plus vite. — Des lettres pliées brûlent assez difficilement et lentement ; — proportionnellement à la façon d'un livre relié qui peut rester une demi-heure dans un feu ardent sans être entièrement consumé.

Hercule frappa à sa porte.

— Qui est là, demanda-t-elle ?

— Moi, parbleu ! Qui veux-tu que ce soit ?

— Attends un peu.

— Pourquoi ?

— Parce que...

A cette première réponse de toutes les femmes, Hercule hésita un moment, puis il dit :

— C'est moi, ouvre.

— Tout à l'heure, mon ami; je me déshabille.

— Eh bien...

— Mais j'ai l'habitude d'être seule pour me déshabiller.

— Quelle bégueulerie ridicule ! dit d'Apreville, toujours à travers la porte.

— On voit bien que tu viens de passer plus d'un an avec des négresses qui n'ont pas besoin de se déshabiller.

— Je ne plaisante pas, ces manières-là sont ridicules ; ne pas vouloir se déshabiller devant un mari qui va passer la nuit auprès de vous, ce sont des inventions de mijaurée.

— Si vous appelez la décence une invention de mijaurée...

— Allons ! ça m'ennuie... Ouvre.

— Dans un instant; retournez en bas, j'ouvrirai la porte, et vous remonterez quand je serai couchée.

— Ah çà ! ouvres-tu ? — ou j'enfonce la porte... Qu'est-ce que tu brûles ?

— Moi ?

—Oui, toi! Parbleu! je ne pense pas que ce soit le Grand Turc qui brûle quelque chose dans la chambre.

— Descendez, et je vais ouvrir la porte.

L'odeur du papier brûlé se répandait très-fort dans la maison. — Il y avait plus de cent lettres, tant de Julie Quesnet que de René de Sorbières ; nous avons eu la discrétion de ne pas les donner toutes au lecteur ; et de plus, dans son trouble, Noëmi avait pris, n'ayant pas le temps de choisir, tout ce qu'elle avait trouvé dans ses tiroirs, y compris quelques cahiers de papier blanc. — A ce moment, d'Apreville, hors de lui, enfonça la porte d'un coup de pied, — et trouva sa femme debout. Cependant elle eut le temps de replacer les pincettes et de se placer d'un bond auprès de son lit.

— Mais qu'avez-vous? dit-elle, êtes-vous fou ou ivre?

Hercule ne répondit pas, et regarda dans la cheminée. Le vent qu'il avait produit en ouvrant aussi brusquement la porte avait fait monter dans la cheminée le tas de papiers brûlés qu'elle contenait ; cependant, il en restait encore sur lesquels de petits points de feu couraient comme des étoiles dans un ciel noir.

— Tu vois bien, dit-il, que tu brûlais des papiers.

— Eh bien ! qui vous a dit que je ne brûlais pas des papiers ?

— Mais, toi...

— Pas le moins du monde.

— Tu n'as pas répondu quand je te l'ai demandé.

— S'il fallait répondre à toutes les sottises que vous me dites depuis un quart d'heure... D'ailleurs, vous savez que je brûlais du papier, ça doit se sentir dans toute la maison.

Hercule fut un peu étonné et hésitant de cette assertion de l'odeur qu'exhalait le papier brûlé : — Elle le savait, pensa-t-il, elle ne le brûlait donc pas en cachette.

Le fait est que Noëmi n'y avait pas songé, et parlait ainsi pour faire naître dans l'esprit de son mari précisément la pensée qui s'y faisait jour.

— Mais, qu'est-ce que c'était que ces papiers ?

— D'abord, ça n'était pas des papiers ; c'était un papier.

— Eh bien ! ce papier ?

— Ce papier, c'était la lettre de Julie Quesnet, que j'ai reçue devant vous tantôt.

— Et pourquoi brûlais-tu la lettre de Julie Quesnet ?

— Ah ! vous êtes insupportable... C'est donc un interrogatoire ?

— Précisément, c'est un interrogatoire.

— Eh bien ! je brûlais la lettre de Julie Quesnet, parce qu'elle m'y disait de la brûler.

— Qu'est-ce qui me le prouve ?

— Vous n'aviez qu'à la lire quand vous vous êtes permis tantôt de la prendre avant moi.

— Tu me parles d'une singulière manière, Noëmi...

— C'est que vous agissez d'une étrange façon... Je ne sais vraiment, dans votre grossière profession, quelles femmes vous voyez; mais à l'avenir, je veux être, à l'abri de pareilles invasions. C'est bien le moins qu'une femme puisse être seule dans sa chambre quand il lui plaît. — Dès demain, je vous ferai faire un lit dans la chambre à côté de la bibliothèque.

Hercule restait stupéfait... La jalousie est une telle passion, qu'il vient un moment où, sur la trace d'une trahison, on entrevoit, on pressent une telle jouissance dans la vengeance, qu'on est désappointé de trouver innocente la femme que l'on soupçonnait.

Ce n'était pas même là la situation du capitaine d'Apreville, il croyait non pas avoir découvert l'innocence de sa femme, mais ne pas avoir découvert la preuve de son crime.

A ce moment, les papiers brûlés qui s'étaient envolés dans la cheminée, sous l'explosion du vent qu'avait produite l'effraction de la porte, retombaient en grande partie dans cette cheminée. — D'Apreville s'en aperçut, et, se rappelant parfaitement que la lettre de Julie Quesnet n'avait qu'une page double, il sut que sa femme mentait, — alors il ne dit plus rien et se coucha. — Elle s'inquiéta de ce silence, et essaya de le rompre par des reproches, mais Hercule lui dit froidement : — Je dors, bonsoir, la suite à demain.

Noëmi se trouva un peu rassurée par cette dernière phrase en forme d'allusion aux feuilletons des journaux, — phrase qu'elle crut facétieuse.

Elle se trompait, Hercule l'avait apprise pendant sa dernière traversée, en lisant un feuilleton où l'auteur du roman avait très-habilement divisé d'assez féroces élucubrations, de façon à toujours faire tomber cette phrase suspensive :

LA SUITE A DEMAIN,

sur une situation terrible, ce qui laissait le lecteur dans une grande anxiété. C'était donc pour le capitaine Hercule d'Apreville une phrase sérieuse et menaçante, sur laquelle Noëmi n'aurait pas pu se tromper, si elle avait vu son visage, ses dents serrées et ses yeux sanglants.

Les deux époux passèrent cette nuit comme la précédente, ayant pour ainsi dire le lit conjugal entre eux deux, et formant une séparation, tant Noëmi était blottie et tapie dans la ruelle et appliquée au mur, tant son mari était suspendu sur l'extrême bord du lit par un tour d'équilibre presque prodigieux.

Cependant Noëmi finit par s'endormir, peut-être à cause de la fausse sécurité que lui avait donnée la phrase littéraire par laquelle le capitaine avait clos la discussion. Quand elle se réveilla, elle était seule, et sa première impression lui causa un mouvement d'effroi; elle se rappela confusément les lettres, la porte enfoncée, etc., mais ensuite elle se tranquillisa en se rappelant que les lettres étaient brûlées jusqu'à la dernière.

C'était aux premières lueurs du jour que le capitaine s'était levé sans avoir dormi. — Il avait appelé Mathilde qui achevait de s'habiller. — Elle était descendue, et à son aspect s'était écriée : — Jésus! Maria! Maître, qu'avez-vous?

Hercule d'Apreville avait vieilli de dix ans dans cette nuit où il avait acquis la certitude de la trahison d'une femme qu'il aimait passionnément et qui, depuis le jour où il l'avait épousée, était devenue le but unique de sa vie. — Cet amour fanatique et un peu idolâtre était devenu une religion. — Dans son dernier voyage, il avait emporté sans rien dire un vêtement porté par Noëmi. — Il le gardait dans sa cabine et le couvrait de baisers le soir et le matin, en s'endormant et en se réveillant; — et lorsque les devoirs de son métier, une côte dangereuse, un temps menaçant, ne lui permettant pas de s'endormir, le dispensaient de se réveiller, la première chose qu'il faisait à son premier moment de liberté, quelque harassé de fatigue qu'il pût être, était de faire ses dévotions à la bienheureuse relique.

Ce qu'il sentait aujourd'hui, c'était une profonde ruine, un grand délabrement du cœur; il lui semblait être dans la vie, comme sur un radeau, sans boussole, sans vivres et sans eau, — flottant au hasard sur une mer sans rivage.

— Mathilde, dit-il, mets un de tes fils en vigie, — aussitôt qu'il te signalera Férouillat, tu iras au-devant de lui, sans le laisser entrer dans la maison, —

et tu lui diras de venir, sans s'arrêter un instant, me trouver au café. — Si on te demande ici où je suis, tu n'en sais rien...

— Mais, mon maître, mon pauvre maître, au nom du ciel, qu'avez-vous ? jamais, depuis que le monde est monde, un chrétien n'a changé dans une nuit comme vous avez changé : vous êtes malade... Au lieu d'aller au café, il faut vous remettre dans votre lit...

— Dans mon lit ! s'écria Hercule, non !

Mathilde le regarda fixement et lui dit :

— Ah ! pauvre maître ! qu'avez-vous ?

— Mathilde, dit-il, je sais tout !

Et cet homme rude et endurci, cet homme brave et fort presque jusqu'à la férocité, cet homme que les marins sous ses ordres prétendaient insensible à la douleur physique, cet homme tomba assis et fondit en larmes.

Puis, tout à coup, se relevant honteux de sa faiblesse :

— Oui, je sais tout... C'est pour cela que je veux causer avec Férouillat.

— Ah ! maître, qu'allez-vous faire ?

— Je veux lui demander conseil...

— Au capitaine Anthime?

— Oui, certes.

— Est-il donc vrai que vous lui donnez le commandement de la goëlette? à ce que disent mes fils.

— Oui.

— Maître, sortez tout de suite de la maison, gagnez le petit bois, au fond de la commune, et attendez-moi.

V

Le soir, le capitaine d'Apreville ne rentra pas chez lui, — mais Mathilde annonça qu'il lui avait parlé le matin, et qu'il l'avait chargée de prévenir madame d'Apreville qu'il resterait à la ville à cause de certaines affaires concernant la goëlette.

Noëmi ne fut qu'à moitié tranquillisée. — Férouillat était venu le matin, et avait été fort surpris de ne pas rencontrer son ami avec lequel il avait pris rendez-vous.

Noëmi le mit sur ses gardes, l'avertit que d'Apreville avait des soupçons; qu'il pourrait bien lui adresser quelques questions directes ou captieuses ; qu'il se tînt sur ses gardes et n'oubliât pas que leur faute commune les avait rendus solidaires, et qu'elle ne se perdrait pas sans lui.

Le lendemain, le capitaine d'Apréville rentra avec Férouillat; il embrassa sa femme, et en déjeunant lui dit d'un air souriant :

— Férouillat, je veux faire ma confession devant toi : — tu t'es peut-être figuré qu'après un long et productif voyage, trouvant dans ma maison une charmante femme comme Noëmi, je me suis mis à être très-heureux et à réparer de mon mieux le temps perdu. — Eh bien ! non, — depuis mon retour je passe les jours et les nuits à grogner, à ennuyer ma femme, à l'offenser par des soupçons. Je fais tout ce qu'il est possible de faire pour me rendre odieux. — Je l'espionne, je la questionne sur le moindre incident de la journée; — je tâche de la mettre en contradiction avec elle-même; je me permets de prendre et d'ouvrir les lettres qui lui sont adressées. — Tout cela, elle le sait; mais elle ne sait pas que je suis allé la nuit fouiller dans la table à écrire. — J'aurais mérité d'y trouver quelque chose qui justifiât mes soupçons. — Toute ma conduite est ridicule et injuste; — et le soir, j'invente des manières de dormir le plus loin possible de ce beau visage-là. — Cela m'humilie beaucoup de dire cela devant toi, mon vieux camarade ; — j'espère que Noëmi me trouvera suffisamment puni par cet aveu et me pardonnera.

Noëmi, qui avait d'abord regardé son mari avec une surprise mêlée d'un peu de défiance, lui tendit la main en souriant ; — d'Apreville baisa cette main — et continua : — Il faut dire que l'objet de mes injustes soupçons n'était pas un vieux visage tanné comme le tien ou le mien : — c'était le joli M. de Sorbières, et sais-tu pourquoi ? parce qu'il m'avait semblé que Noëmi causait avec lui avec plaisir.

Belle malice qu'une jeune femme trouve plus de plaisir à jaser avec un homme de son âge qu'avec un vieux loup de mer comme toi et moi ! — Une femme est honnête, vertueuse tant que tu voudras, mais la vertu ne fera pas qu'il ne soit plus agréable de regarder un visage frais et jeune, des yeux vifs et brillants, une barbe et des cheveux bruns et bien taillés, — que de regarder des figures ridées, tannées, goudronnées et entourées de chinchilla comme nos vieilles figures. Je t'avoue, mon vieux Férouillat, que, si je pouvais voir autre chose que la figure de Noëmi, quand elle est là, — et parfois quand elle n'y est pas, — je la voyais aux Antilles en fermant les yeux, —

j'aimerais mieux moi-même regarder le visage de M. de Sorbières que ton vieux museau de requin ; — quand je dis requin, ma raison cloche sous le rapport des dents, car tu es bien démantelé, mon pauvre vieux.

— Ah çà ! dit Férouillat, auras-tu bientôt fini de me débiner comme cela... Parle pour toi, si ça t'amuse, mais moi, je suis ton cadet de six ans.

— Il y a plus de six ans que je ne suis plus beau, mon vieux, et tu feras bien de t'y résigner comme moi.

Si nous voulons lutter avec les jeunes gens, — toi et moi, ça n'est pas par la figure ; ça n'est pas non plus par l'éducation et les bonnes manières, et la conversation ; tu comprends comme moi que Noëmi, bien élevée, instruite, élégante, cause plus volontiers avec un jeune homme de sa classe qu'avec nous deux — dont la voix rauque et les paroles peu choisies lui écorchent les oreilles. C'est par la bonté, l'indulgence, que je puis lutter avec ces gens-là. — Eh bien ! je m'avise d'être méchant, jaloux, soupçonneux, bourru, grognon ! — si je n'avais pas pour moi la vertu de Noëmi, je serais un homme perdu, et je n'aurais même pas le droit de me plaindre.

Mais je demande grâce à ma belle Noëmi; je lui promets de ne plus être si ennuyeux que ça; — elle se dira : — Mon mari est vieux, il est laid...

— Ah! mon cher Hercule, dit Noëmi.

— Laissez-moi finir, ma chère femme : mon mari est laid comme Férouillat.

— Ah ça! dis donc.

— A peu près aussi grossier que lui, pas élégant, mal élevé; — mais il est bon, il est indulgent, il m'estime et me respecte; — il m'aime jusqu'à l'irréligion, car Dieu pourrait se fâcher de ce qu'il n'adore que moi; il ne vit, il ne respire que pour moi. — Eh bien! ça vaut quelque chose.

— Croyez, mon cher d'Apreville...

— Laissez-moi finir; je lui serai une fidèle épouse; je l'ai épousé volontairement, il était à peu près aussi laid, aussi grossier qu'à présent; — car, mon vieux Férouillat, les années ne nous apportent rien de bon, — depuis plus de dix ans, — je suis fâché de t'en donner ta part, mais c'est comme ça; — il a tenu toutes ses promesses et au delà, — je tiendrai les miennes, je ne le tromperai pas, — je ne dis pas pour un museau pareil au sien, pour un museau comme celui de Férouillat, il n'y aurait pas de mé-

LA PÉNÉLOPE NORMANDE. 207

rite et il faudrait être enragée, mais pas même pour un jeune et beau visage... comme celui de M. René de Sorbières; — il faudrait, pour trahir cet homme que j'ai accepté par un acte de ma volonté, qui m'aime... de toutes ses forces et de toute sa vie, il faudrait que je fusse une misérable et méprisable créature ! — Et Noëmi se disant cela, je suis sauvé et n'ai rien à craindre...

Excepté d'être ennuyeux, bourru, insupportable, ce que je ne serai plus, je m'en donne ma parole à moi-même comme au plus intéressé dans la question.

Cela dit, le capitaine d'Apreville baisa encore une fois la main de sa femme qui était fort troublée.

De son côté, Anthime Férouillat était d'assez mauvaise humeur de la part que son ami Hercule lui avait faite dans ses confessions, et surtout devant Noëmi. Mais le capitaine d'Apreville fit monter deux bouteilles d'un certain vin qui avait particulièrement la vertu de faire prendre à Anthime Férouillat son parti sur beaucoup de choses.

— Il faut que les femmes soient honnêtes, ajouta d'Apreville, mais il ne faut pas cependant leur rendre le métier d'honnête femme trop ennuyeux et les en dégoûter : — il faut donc qu'elles aient un peu de plaisir et de distraction. — D'autre part, quelque surveillance qu'on exerce, quelque espionnage qu'on pratique, on ne réussira pas à ne pas être trompé, si une femme a mis dans sa tête qu'elle vous tromperait.

La défiance, les scènes... à quoi cela peut-il servir? — On ne découvre rien, et une femme a le droit de se moquer de vous, si elle est coupable, et de s'offenser, si elle est innocente. C'est ce qui m'est arrivé hier au soir; je n'ai trouvé de preuves ni pour l'innocence, ni pour le crime, et j'ai été violent, ridicule et odieux. Depuis mon retour, cette maison est morne et triste, et ceux qui l'habitent sont bien indulgents, depuis les petits jusqu'aux grands, depuis la maîtresse jusqu'aux domestiques, s'ils s'empêchent de regretter le temps où on ne savait pas où j'étais. — Ce n'est plus cela, je veux que l'on sache à trois lieues à la ronde quand je suis chez moi — par la joie qui régnera dans la maison; — je veux que, lorsque j'y suis, cette maison soit resplendissante de bonheur, ait un air de fête perpétuelle et donne envie d'y entrer.

Ainsi je veux donner un dîner un peu gai, nous aurons nos amis les marins, parce qu'après tout ce sont de bons diables ; — c'est grossier, mais ça a des cœurs d'or, — ça ne trahirait pas un ami pour sauver sa vie, ni même pour gagner sa fortune, n'est-ce pas, Férouillat? — Nous aurons donc nos marins, mais ils amèneront leurs femmes et leurs filles, et on dansera après le dîner. Nous demanderons à M. de Sorbières s'il n'a pas quelque ami à nous amener. — Ah çà ! à propos de M. de Sorbières, puisque c'est toi qui l'as amené ici, Anthime, puisque c'est ton ami avant d'être le nôtre, tu voudras bien ne rien faire pour le chagriner, comme tu as fait l'autre jour en refusant de trinquer avec lui; avec ça que ça n'a pas très-bien fini pour toi, et qu'il t'a fait marcher.

— Comment... marcher ! s'écria Férouillat violet de colère, personne ne m'a jamais fait marcher, entends-tu ?

— Écoute donc, Férouillat, c'est à moi qu'il a donné la commission... tu sais... mon bonhomme... je t'ai dit de sa part : — Si tu ne trinques pas, à la première occasion qui va se présenter, avec M. de Sorbières, il te jettera son verre au visage, — et alors, quand Noëmi a proposé la santé du nouveau commandant de la goëlette, tu as fait la moitié du chemin pour aller choquer ton verre contre celui de M. de

Sorbières, — si tu n'appelles pas cela marcher...

— J'avais mes raisons pour ne pas me faire de querelles avec lui... tu ne crois pas sans doute que ce soit un pareil blanc-bec...

— Non, pas moi, je t'ai vu dans l'occasion, — mais, si d'autres que moi savaient ce qui s'est passé... Enfin, n'en parlons plus.

Férouillat sortit et alla se promener dans le jardin ; — il marchait vite en se parlant à lui-même.

— C'est vrai, disait-il, Hercule a raison. — J'ai marché, j'ai reculé. — Mais patience ! — Je ne suis pas fâché que, dans sa conscience, Hercule me croie insulté par M. de Sorbières ; il ne cherchera pas ailleurs la cause de notre rencontre le jour où elle arrivera.

Et il compta les jours qui restaient encore pour atteindre l'époque convenue avec René. Il s'était réservé le choix des armes, et ne disait pas quelle arme il prenait, pour que René n'eût pas la pensée de s'exercer à une arme peu familière aux bourgeois — le sabre, — tandis que lui, Férouillat, depuis ce jour, s'exerçait quotidiennement pendant une heure ou deux avec un prévôt du régiment caserné à la ville.

Depuis la conversation que l'on vient de lire, le capitaine d'Apreville se conforma entièrement au programme qu'il avait annoncé : — il n'exerça plus aucune surveillance sur la conduite de Noëmi. — Celle-ci fut quelque temps en défiance, mais elle s'encouragea peu à peu ; puis, voyant que son mari ne faisait pas la moindre observation si elle sortait, si elle rentrait même un peu tard, sans dire où elle avait été, — elle fit ce que font les amants en pareils cas, — elle ne recula bientôt devant aucune imprudence, elle profita des absences fréquentes de d'Apreville pour aller voir René chez lui et y passer des heures entières. Hercule alla lui-même faire une visite à René et lui adressa des reproches de ce qu'on ne le voyait plus. — René prétexta des affaires, et bientôt ne se gêna pas pour venir presque tous les jours. — On parla un jour de je ne sais quelle fête qui attirait beaucoup de monde à deux lieues de là. — Noëmi eut envie d'y aller, mais d'Apreville et Férouillat, occupés de l'armement de la goëlette, ne pouvaient l'accompagner : alors Hercule pria René d'accompagner Noëmi et de la conduire à la fête. — Noëmi dit : Nous emmènerons Esther.

— Hom ! hom ! fit d'Apreville, c'est quelquefois bien gênant — un enfant.

Cependant Noëmi, qui était parfaitement de cet avis, n'osa pas ne pas l'emmener. Férouillat était stupéfait de voir Hercule si peu soupçonneux ; — il avait cru que le programme promulgué par son ami était une simple boutade, — et ne serait pas suivi ; — sa propre jalousie le rendait furieux ; — il parla d'abord à Noëmi.

— Vous avez tort, dit-il, de me braver à ce point ; il viendra un jour où ma juste colère fera explosion malgré moi. — Hercule est devenu idiot, il vous laisse vivre publiquement avec M. de Sorbières ; — c'est un scandale...

Puis il glissa quelques mots à d'Apreville lui-même. — Certes, il ne soupçonnait pas Noëmi ; mais il craignait les bavardages. — Noëmi est très-jolie, très-élégante ; elle avait hier une robe neuve ; tout ce que les autres femmes ont pu entendre dire contre elle ce jour-là a dû être accepté comme chose prouvée et irréfragable.

Mais il trouva d'Apreville encore plus décidé que sa femme.

— Allons donc ! dit-il, faut-il, pour éviter les *potins* et les bavardages, que je fasse vivre cette pauvre Noëmi comme une recluse ! — et encore, crois-tu que les langues s'arrêteraient pour cela? — Tiens, tu as gardé contre M. de Sorbières de la rancune de votre affaire de l'autre soir ; — voilà ce que c'est que les affaires de ce genre qui ne finissent pas : — on conserve un levain qui s'aigrit et fait fermenter dans le cœur une foule de mauvaises pensées et de mauvais sentiments; j'ai toujours vu qu'il fallait mieux échanger une balle ou un coup d'épée; ça tue au moins la rancune.

Je ne dis pas cela pour M. de Sorbières, — ça me désobligerait beaucoup; c'est un ami de la maison, — et d'ailleurs, tu comprends que Noëmi ne te le pardonnerait pas... je te prie, au contraire, d'être très-bien pour lui ; — c'est après-demain le dîner, — nos amis amènent leurs femmes et leurs filles — du moins les deux qui en ont. — Duresnil et Crescent n'ont jamais voulu avoir que les femmes des autres. — J'espère qu'on sera gai et qu'on s'amusera.

D'Apreville parla à sa femme des mauvais sentiments que Férouillat lui semblait avoir conservés contre M. de Sorbières, — et il lui communiqua sa théorie au sujet des querelles non finies. — Noëmi dissimula son trouble et songea à hâter le départ d'Anthime. — « Il n'oserait pas, pensait-elle, manquer à la parole qu'il lui avait donnée, et, s'il partait avant le mois écoulé, le duel ne pourrait pas avoir lieu. » — Elle feignit en conséquence un vif désir d'aller à Paris, — désir que d'Apreville dut naturellement ajourner au départ de la goëlette. — Alors elle le harcela pour qu'il précipitât ce départ.

Le jour du dîner, René fut naturellement placé à la droite de la maîtresse de la maison. — Elle avait placé Férouillat au bout de la table; il était assez intime ami de la maison pour que cela n'eût rien de choquant pour lui, les places dites d'honneur étaient réservées aux étrangers; elle avait mis le nom de chaque convive sur une carte à la place qui lui était assignée.

Mais quand on entra dans la salle à manger, elle vit non sans étonnement Férouillat s'asseoir presque en face d'elle et de René. Elle crut que lui ou un autre s'étaient trompés, et elle sut mauvais gré au hasard d'avoir ainsi rétabli une position embarrassante qu'elle avait voulu éviter; — la table était très-étroite et augmentait l'embarras de la situation.

Le hasard n'était pour rien dans l'affaire; les cartes avaient été changées, et Anthime Férouillat occupait précisément la place à laquelle il avait trouvé son nom.

Aussi Noëmi jugea-t-elle à propos de rappeler, par ses regards, à Anthime Férouillat et les promesses qu'elle avait reçues de lui et les menaces qu'elle lui avait faites. De plus, elle s'occupa beaucoup de son voisin de gauche, pour ne pas irriter le capitaine par une préférence trop marquée pour René.

Il vint un moment où Férouillat, qui avait déjà un peu bu, voulut entreprendre une narration et resta court. Tout le monde rit, à l'exception de Noëmi.

—Une bonne idée, dit Hercule, c'est celle qu'a eue M. de Sorbières de donner à Férouillat le nom de Bouche d'or, à cause de sa facilité.

Les rires redoublèrent.

Anthime jeta un regard venimeux sur René.

— Anthime, dit d'Apreville quelque temps après, fais donc passer les olives à M. de Sorbières.

Anthime obéit de mauvaise grâce.

— Anthime, verse donc à boire à M. de Sorbières. Anthime, appelle donc Mathilde, M. de Sorbières n'a pas de pain.

Après le dîner on dansa ; René valsa avec Noëmi, qui, seule, savait valser entre les femmes qui se trouvaient là.

Tous deux valsaient bien et avec grand plaisir,

— Anthime, dit Hercule, mais tu valsais autrefois?

— Non.

— Pardon! je t'ai vu valser: Noëmi, Anthime vous demande une valse.

— Madame, dit Férouillat, je vous assure...

— Allons donc! sais-tu valser? t'ai-je vu valser, oui ou non?

— Oui... mais...

— Allons, la musique, une valse! Anthime, Noëmi t'attend.

Anthime ne put refuser plus longtemps; d'ailleurs il savait valser; mais après le succès d'élégance que venait d'obtenir M. de Sorbières, il n'avait pas envie d'exciter la comparaison. — Il valsait... comme j'ai vu valser dans mon enfance, tenant la main autour de la taille de la danseuse, mais la maintenant le plus loin de lui possible, — gardant le bras gauche, dont il lui tenait la main droite, roide et tendue comme un bâton, et la forçant, par conséquent, de partager cette pose disgracieuse, — puis il tournait sans se plier le moins du monde depuis les pieds jusqu'à la nuque, tout d'une pièce, absolument comme les petites poupées de bois qui valsent sur la table de certains orgues de Barbarie. — Cette façon de valser est un peu plus décente, mais beaucoup plus laide. De plus, Anthime n'avait pas l'oreille exercée et n'était pas toujours en mesure; s'il n'y avait pas eu besoin de le ménager, Noëmi se serait arrêtée en riant au premier tour; mais elle voyait que les maladresses successives de son mari l'avaient déjà fort irrité. Anthime, qui, selon le précepte normand, ne laissait jamais son verre plein, pouvait ne pas être aussi maître de lui qu'à une autre heure de la journée, ou du moins qu'après un dîner moins splendide, et faire un éclat. — Cependant tout à coup Noëmi, qui, conduite ainsi, valsait mal, comprit elle-même qu'elle avait mauvaise tournure, s'arrêta net et dit : — Je suis étourdie; je ne puis continuer. — Le violon, qui composait la musique, joua une contredanse, et Noëmi invita Anthime à la danser avec elle pour remplacer la valse interrompue. Férouillat, qui se piquait d'être beau danseur, pensa qu'il allait alors avoir sa revanche, surtout quand il vit René ne faire que traîner les pieds en mesure, même quand vint la figure de *cavalier seul*, où le cavalier danse seul, en effet, tandis que tous les yeux sont fixés sur lui pendant cinq minutes.

Férouillat, qui faisait vis-à-vis à M. de Sorbières, le regardait faire ses pas insignifiants, terre-à-terre, —

et Férouillat avait un air satisfaisant de lui-même qui disait aux yeux : — A notre tour d'être le beau, d'être le gracieux ! — En effet, la figure de René terminée, Férouillat partit au coup d'archet et se livra à toutes les élégances de marin beau danseur ; c'était un cliquetis de jambes inouï. — Les convives de d'Apreville, marins, femmes ou filles de marins, n'y trouvaient rien à redire ; — mais pour René, c'était un spectacle si étrange, comme ce le serait pour toute personne qui y assisterait pour la première fois, qu'il en rit aux larmes avec d'autant moins de retenue, qu'il crut pendant quelque temps que le but du capitaine était d'exciter la gaieté en se livrant à de si singulières contorsions. — Les signes de Noëmi l'avertirent de son erreur ; mais il était trop tard, Férouillat s'en était aperçu. — En vain Noëmi, pendant le reste de la contredanse, lui parla de la goëlette, il resta froid et silencieux jusqu'à la fin de la soirée.

VI

Férouillat ne put dormir. — Aussitôt qu'il fit jour, il alla chez René, — mais celui-ci dormait, et Bérénice refusa tout net de le réveiller. — Anthime se promena de long en large devant la maison pendant une heure. — Après quoi, Bérénice l'appela.

Il trouva René en robe de chambre.

— Monsieur de Sorbières, lui dit-il, je viens vous demander un service, un grand service.

René s'inclina en signe d'assentiment et lui désigna un siége.

— Monsieur de Sorbières, dit Férouillat, connaissez-vous un moyen de ne pas vous battre avec moi, si je voulais absolument me battre avec vous?

— Admirablement dit; je ne connais pas de moyen, monsieur, je n'en ai pas cherché et je n'en chercherai pas.

— Eh bien! monsieur, ça ne peut plus se retarder...

— Très-clairement exprimé. Monsieur Férouillat, je me suis mis à votre disposition déjà, il y a une quinzaine de jours, et c'est à votre sollicitation qu'une rencontre a été remise à un mois.

— C'est vrai, monsieur, mais dans un mois je serai peut-être parti; comment ferons-nous?

— Naïvement énoncé. Mais c'est vous que cela regarde. — Comment ferai-je, moi? — Mais je ne tiens pas autrement à me battre avec vous, — je penserai que vous aviez ou bien ou mal pris vos mesures en demandant un délai, et puis je n'y penserai plus.

— Le service que j'ai à vous demander, c'est de mettre tranquillement notre petite affaire à trois jours d'ici — comme je vous le disais en commençant, attendu que je suis très-décidé...

— Très-sensément pensé, mais, pardon, si je vous interromps, monsieur Férouillat, mais je vous vois avec peine prodiguer les trésors d'éloquence qui vous ont fait appeler Férouillat Bouche d'Or, — et les prodiguer en pure perte. — Je suis parfaitement à votre disposition, soit pour demain, soit pour aujourd'hui.

— Je vous dis dans trois jours, monsieur de Sorbières, parce que j'ai absolument affaire demain et après à mon bord pour l'arrimage de quelques marchandises.

— Très-sagement fait : à trois jours donc, aussi bien cela me donnera le temps de faire venir de Paris un ami qui ne me pardonnerait pas volontiers de m'être passé de lui dans cette circonstance.

— Ce n'est pas tout, monsieur de Sorbières, il faut que vous vous engagiez à ne pas dire à Hercule d'Apreville le sujet de notre querelle.

— Très-prudemment avisé. — Vous avez un excellent moyen à votre disposition pour que je ne le dise à personne, capitaine *Qui que ce soit*, c'est de continuer à me le laisser ignorer à moi-même.

— C'est une plaisanterie.

— Très-gaiement apprécié, mais j'ai dit vrai... Ah! je me rappelle, il y a quinze jours, vous me demandiez raison de ce que j'avais offert à madame d'Apreville de vous jeter par la fenêtre : est-ce toujours cela?

— Vous savez bien que c'est impossible.

— Pourquoi?

— Parce que Hercule voudrait savoir pourquoi.

— Très-délicatement prévu.. — Vous deviez inventer, je me le rappelle à présent, une autre offense...

— Eh bien! monsieur, supposons que vous avez dit... des injures... de moi.

— Ingénieusement trouvé; mais quelles injures, capitaine?... Comme nous ne parlons pas toujours la même langue... il est bon de donner de la vraisemblance à la chose.

— Mais... dam!... n'importe lesquelles... les premières venues... berger, par exemple.

— Très-joli! Et qu'est-ce que cela a d'insultant, capitaine?

— C'est une grosse injure entre marins, ça veut dire qu'on ne sait pas son métier, qu'on n'est bon qu'à garder les vaches.

— Très-justement senti, — mais je n'ai pas l'honneur d'être marin, et j'ignore si vous savez ou non votre métier, — cherchez-en un autre.

— Oh! mon Dieu, il n'y a pas besoin d'y aller par quatre chemins... Un gros mot... Supposons que vous m'avez appelé... Muffe, gulifiah...

— Très-agréablement imaginé ; mais voyez comme j'avais raison, capitaine : ces mots ne sont pas la langue que je parle, et je ne puis me laisser attribuer des expressions que je ne comprends pas.

— Eh bien!... c'est impatientant... supposons que vous avez dit de moi que j'étais ridicule, grossier.

— Splendidement juste cette fois, capitaine... Nous pouvons d'autant mieux le supposer, qu'à dire vrai, c'est un peu mon opinion, sans doute erronée, sur votre compte... et qu'il est très-probable que je l'aurai exprimée.

— Ça va donc pour ces mots-là ?

— Parfaitement exact.

— Mon témoin demandera aux vôtres que vous me fassiez des excuses ; le vôtre...

— Le mien, extrêmement clair, refusera tout net.

— Ce n'est pas encore tout.

— Parlez, capitaine.

— Je vous demande votre parole de ne pas en parler à madame d'Apreville ni avant ni après...

— Ah çà! capitaine; savez-vous que ce que vous me dites là, pour les gens comme moi, est aussi peu poli que si je vous appelais... berger... Vous pouvez être tranquille, capitaine Bouche d'Or, mes témoins seuls sauront que j'ai l'honneur de croiser... Ah! que croisons-nous, capitaine, croisons-nous ou échangeons-nous?

— C'est l'affaire de nos témoins.

— Parfaitement raisonné. — Mon ami sera ici après demain dans la nuit; — le lendemain matin il attendra vos témoins, il s'adjoindra n'importe qui.

— Monsieur de Sorbières, je suis votre serviteur.

— Monsieur Férouillat, je vous salue.

Le capitaine Anthime pensait que le plus difficile n'était pas fait; il avait encore à instruire de la situation Hercule d'Apreville — et à le décider à n'en pas parler à sa femme. — Il avait à persuader à Hercule, qui ne manquerait pas de faire des objections, que l'affaire était indispensable, sans cependant lui laisser soupçonner la véritable cause de sa haine contre René.

Il retourna chez d'Apreville qui l'attendait pour aller avec lui à la goëlette, et c'est chemin faisant qu'il lui dit: — Ah çà! Hercule, c'est pas ça, — te rappelles-tu que je t'ai servi de témoin dans ton affaire avec le capitaine anglais John Wils?

— Très-bien...

— Sais-tu que tu n'avais pas raison dans la querelle?

— Il avait le tort d'être Anglais.

— J'ai partagé ton opinion, mais j'étais le seul, — et le pauvre diable en a eu pour quatre mois à rester au lit. — Te souvient-il encore de la querelle que tu eus avec un capitaine dans le port de Cherbourg?

— Ah! celui-là, il avait *abordé* un brick que je commandais.

— Je fus également de cet avis; mais tous les autres marins prétendirent que c'était ton brick qui avait *abordé* son navire, attendu que tu l'avais touché de l'avant en pleines hanches de bâbord, et que toutes les avaries avaient été pour lui. Il n'était pas Anglais, celui-là.

— Il était Gascon.

— Eh bien! je veux te prier à mon tour, non pas d'être mon témoin, cela aurait des inconvénients pour toi, mais de ne pas me gêner dans une petite affaire que j'ai.

— Et pourquoi ne serais-je pas ton témoin?

— Tu vas le comprendre tout de suite : cette petite affaire est avec M. René de Sorbières.

— Ah! diable!

— Il faut seulement que tu m'aides à la cacher à ta femme; cela paraît toujours odieux aux femmes de voir s'égorger, comme elles le disent, deux hommes de leur connaissance. Il leur semble, de plus, que celui qui propose l'affaire est le plus méchant, sans parler de leur propension à croire que la raison et le bon droit sont toujours du côté de celui des deux adversaires qui a les cheveux les plus noirs et l'habit le mieux fait.

— Cela va sans dire; — mais, voyons, tu te trompes sur ce point... Je veux être ton témoin... et cela n'a pas d'inconvénients pour deux raisons. — L'affaire s'arrangera...

— Non...

— L'affaire s'arrangera ou ne s'arrangera pas...

— Elle ne s'arrangera pas.

— Comment le sais-tu?.. Quelle est l'offense que tu as reçue?..

— Il m'a appelé ridicule, grossier...

Anthime, s'apercevant que d'Apréville restait froid, sortit un peu des conventions et ajouta... Il a dit que j'étais un vrai berger.

— Hum! hum! — ça n'est pas agréable, mais il peut faire des excuses.

Ici Férouillat, pensant que René refuserait les excuses, avisa qu'il n'y avait pas d'inconvénient à ne pas se montrer d'une férocité qui pourrait bien faire soupçonner à d'Apreville qu'on ne lui confiait pas la vraie cause du duel. — Il dit : — Des excuses complètes, formelles...

— Naturellement... je reprends donc où tu m'as interrompu. — L'affaire est arrangeable ou ne l'est pas : — si elle est arrangeable, mon intervention peut contribuer à la conciliation ; si elle n'est pas arrangeable, c'est-à-dire, si M. de Sorbières refuse de faire entrer en balance notre connaissance de quelques jours et notre vieille amitié à nous deux, cette amitié que nous n'avons jamais trahie ni l'un ni l'autre, n'est-ce pas, Anthime?.. J'ai accepté M. de Sorbières, présenté par toi comme un ami. — C'était une amitié

de reflet, tu ne l'aimes plus, il n'est plus de mes amis.
— Je serai ton témoin... mais j'espère que cela s'arrangera.

— Il attend un ami qui lui servira de témoin, et qui arrivera après-demain.

— Ah çà! tu l'as donc vu?

— Je sors de chez lui.

— Et il ne t'a pas fait d'excuses?

— Je ne lui en ai pas demandé.

— C'est plus facile à demander et à obtenir par les témoins... Il en fera.

— Mais des excuses formelles, tu entends, Hercule?

— Sois tranquille, je ne suis pas pour les faux-fuyants. — Ah çà! tu as le choix des armes?

— Certainement, puisque je suis l'offensé...

— Le pistolet ou l'épée?

— Le sabre.

— Et il a accepté?

— Je ne lui en ai pas parlé; mais il acceptera, puisque j'ai le choix des armes.

— Oui, mais le choix entre l'épée et le pistolet; — un homme qui n'est pas soldat n'est pas forcé de se battre au sabre.

— Je ne suis pas soldat non plus.

— Raison de plus pour refuser.

— Si tu t'y prends bien, il acceptera le canon ou l'obusier, il paraît décidé à jouer l'indifférence impertinente ; à tout ce que je dis il répond : — Volontiers ! ou comme vous voudrez ! — en l'excitant un peu, il acceptera le sabre.

— C'est possible... mais pourquoi choisis-tu le sabre ? tu n'y es déjà pas si fort.

— Pour plusieurs raisons ; je ne suis pas plus fort à l'épée ni au pistolet, et à ces deux armes, il est possible qu'il soit aussi fort et plus fort que moi, — tandis qu'au sabre, il est probable qu'il n'a jamais manié un sabre de sa vie... Et puis je me suis exercé.

— Comment... ce matin...

— Non, je voyais bien depuis ton retour qu'il faudrait finir par en découdre avec ce beau monsieur dont les airs ne me conviennent pas. Alors, j'ai travaillé avec le prévôt du régiment.

— Est-ce qu'il est fort ?

— Il m'apprend une botte secrète.

— Allons donc... tu me feras voir ça tantôt, — ou plutôt demain matin, de bonne heure, pour que Noëmi ne s'inquiète pas de nous voir ferrailler. — Il faudra apporter deux sabres... qui serviront, si l'affaire ne s'arrange pas ; mais elle s'arrangera.

Le soir, Hercule apporta deux sabres sous sa longue redingote ; il les fit porter et cacher par Césaire Valin, le fils de Mathilde, dans un cellier où, le lendemain matin, — à la pointe du jour, — Hercule et Anthime se renfermèrent.

— Voyons les ruses que t'a apprises ton prévôt, demanda Hercule.

Et il se mit en garde avec Anthime, qui répéta sa leçon...

— Eh bien ! ça ne vaut rien ; un tireur d'épée parera cela sans avoir touché un sabre de sa vie. Il faut quelque chose qui appartienne au sabre, vois-tu ? Anthime, une bonne ruse, la meilleure de toutes, après le savoir, et quelquefois de niveau avec lui, c'est la vitesse. Un homme très-exercé à porter un coup de pointe correcte arrive à une telle perfection, que l'on prend cela pour une botte secrète. C'était ce qui en faisait tant attribuer au fameux Saint-Georges.

— Mais tu n'es plus vif.

— Je vais te montrer autre chose, remettons-nous en garde. Les deux amis reprirent les sabres ; — mais il se passa chez d'Apreville une sorte de phénomène singulier, — ses yeux devinrent éclatants et lancèrent des éclairs, ses dents claquèrent; il serra la poignée du sabre avec une sorte de volupté sauvage; — mais il s'arrêta, recula et dit : — Laissons les sabres, prenons des baguettes; — avec les sabres on pourrait se faire du mal — et nous n'avons aucune raison de rougir ces lames-là, n'est-ce pas, Férouillat?

Ils ne tardèrent pas à trouver deux bâtons convenables. En allant les chercher, d'Apreville entra à la cuisine et but un verre d'eau.

— Il y a, dit-il à Férouillat, une ruse qui sera éternelle. — Tire sur moi à ta fantaisie.

Et Hercule feignant de se retirer à chaque attaque de Férouillat, comme un homme qui a peur, l'anima peu à peu, et, saisissant une marche imprudente de l'adversaire, il le menaça d'un coup de sabre sur la tête, que celui-ci se mit en mesure de parer; mais Hercule tira un coup de seconde, la main haute, en lâchant le pied gauche en arrière, et arrêta Férouillat d'un violent coup de la pointe du bâton dans la poitrine.

— Il faudrait savoir si ton adversaire connaît un peu le sabre; s'il avait pris une ou deux leçons, — tu serais bien sûr de lui. Il faut lui en faire prendre deux.

— Comment cela?

— C'est tout simple, fais-lui écrire ceci, qui du reste t'assurera le choix du sabre, par une main inconnue. Écris sur ton calepin.

Et Anthime écrivit :

« Monsieur, quelqu'un qui s'intéresse à vous vous avertit d'une chose : vous avez laissé au capitaine Férouillat le choix des armes dans une affaire qu'il doit avoir avec vous ; — il est offensé, c'est la règle ; mais d'ailleurs, ayant accepté sans restrictions, je vous crois trop chatouilleux sur l'honneur pour que vous permettiez une discussion à ce sujet entre les témoins. — Eh bien ! le capitaine Férouillat choisira le sabre ; — si cette arme ne vous est pas familière, vous avez le temps de vous exercer un peu d'ici là. — Le prévôt du régiment passe pour habile et donne volontiers des leçons. »

— Puis tu feras signer : « Un homme que vous avez obligé. »

— Ta ! ta ! ta ! dit Anthime, elle est belle, ton idée ! — Et si le prévôt lui apprend quelque bon coup ; si M. de Sorbières qui, sans aucun doute, tire l'épée, perd l'embarras que cause une arme inconnue... il m'embrochera comme un poulet.

—Je vais te prouver que tu n'as pas le sens commun; — remets-toi en garde : bien — porte-moi un coup, je pare en seconde, — relève-toi en parant une riposte.

— Ah! — eh bien! pourquoi pares-tu en prime?

— C'est tout naturel, puisque je t'ai paré en bas; tu ne vois de chance qu'en m'attaquant en haut, et d'ailleurs le prévôt me le répète sans cesse.

— Très-bien! alors tu vois que ce que tu fais là est une affaire d'instinct, de raisonnement, et que, d'autre part, on ne manquera pas de l'enseigner et de le recommander à ton homme.

— Où est l'avantage de lui apprendre à parer?

— A parer quoi? un mauvais coup de tranchant sur la tête... Allons donc! — Ou l'affaire s'arrangera ou elle ne s'arrangera pas. — Je suis sûr qu'elle s'arrangera, mais, si par hasard elle ne s'arrange pas, il faut travailler de la pointe. Eh bien! si ton homme fait ce que tu viens de faire, — ce que, selon toi, l'instinct lui fera faire, et ce que le prévôt à coup sûr lui enseignera, — tu le tiens parfaitement, — et tu auras à peine le temps de lui demander s'il te prend encore pour un berger. — Je ne puis te promettre qu'il aura, lui, le temps de te répondre : — ainsi donc, fais écrire.

Maintenant, je vais t'apprendre ce que tu as à faire sur le terrain.

Et ils ferraillèrent une demi-heure avec les bâtons, — jusqu'au moment où ils supposèrent que Noëmi pouvait être levée. Après le déjeuner, ils repartirent pour la ville, où Férouillat fit écrire à René par un écrivain public; en même temps, il lui écrivit lui-même :

« Monsieur,

« J'ai été obligé de dire à d'Apreville que vous m'avez non-seulement appelé ridicule et grossier, mais encore que vous m'avez traité de *berger*. Sans cela je l'aurais trouvé très-incrédule aux raisons qui me font exiger une réparation.

« Ne me démentez pas.

« Il veut me servir de témoin, dans l'espérance d'arranger l'affaire. — Il vous demandera des excuses, — vous m'avez promis de ne pas en faire.

« Votre serviteur,

« Le capitaine Anthime FÉROUILLAT. »

A quoi René répondit :

« Soyez tranquille, capitaine Férouillat, on ne vous fera pas d'excuses.

« Je reconnais vous avoir traité de *berger*, puisque vous y tenez absolument.

« René de Sorbières. »

René lut plusieurs fois la lettre anonyme avec une certaine défiance ; mais il décida que l'avis, en tous cas, était bon, et il le suivit.

Dès la veille, il écrivit à Augustin Sanajou :

« Mon cher Augustin,

« Je me bats avec le capitaine Qui-que-ce-soit, autrement dit Anthime Férouillat. Tu as tout juste le temps d'arriver pour m'assister dans cette rencontre.

« René. »

Puis il attendit, en s'exerçant avec le prévôt.

Sanajou arriva fort effaré ; il eut peine à se rendre aux injonctions de son ami, qui lui dit :

— Je ne tiens pas à me battre avec ce butor, puisqu'il va s'en aller. — Cependant ça ne me déplaît pas tout à fait. — En tout cas, si l'affaire n'a pas lieu, c'est lui qui y renoncera. — Si tu fais la moindre concession, je te désavouerai. — Je refuse toute excuse ; et j'accepte le choix des armes, quel qu'il soit. — Cet homme, d'ailleurs, doit être bête, même aux armes.

— Le prévôt nous fournira un second témoin pour t'assister ; — ce témoin sera un personnage muet, seulement pour la symétrie.

VII

Le troisième jour, à l'heure convenue, Hercule d'Apreville se présenta chez M. de Sorbières avec le prévôt, qu'il avait choisi pour l'accompagner.

— Monsieur, dit-il à René, j'ai accepté d'être le témoin de Férouillat, parce que j'espère arranger cette affaire.

— Monsieur d'Apreville, dit René, je vous remercie de vos bonnes intentions, je vais vous réunir à mes témoins, qui vous attendent.

Il ouvrit le salon, fit la présentation, et alla se promener dans la forêt, mais il trouva à l'entrée Férouillat qui attendait le résultat de la conférence.

— Capitaine Férouillat, dit-il, est-ce que par hasard vous auriez l'idée gaie de me proposer de faire notre petite affaire tout seuls, pendant que ces messieurs jasent entre eux ?

— Cela ne se peut pas, monsieur.

— Très-noblement répliqué. Alors j'ai bien une demi-heure devant moi.

— Sans aucun doute.

— Franchement répondu. Je vais l'employer le mieux possible, avec votre consentement, capitaine, car enfin c'est peut-être la dernière que vous me laissez.

— Le sort des armes en décidera, monsieur.

— Lyriquement apprécié. A bientôt, capitaine.

Et René pensa que d'Apreville causant dans son salon et Férouillat étant de faction à l'entrée de la forêt, il n'aurait jamais une plus belle occasion d'aller faire une visite à Noëmi en toute sécurité.

« D'ailleurs, pensa-t-il un peu moins gaiement qu'il ne l'avait dit, — c'est peut-être ma dernière heure, il serait bête de ne pas la donner à l'amour. »

Dans le salon, Hercule d'Apreville prit la parole en s'adressant à Augustin Sanajou, car le soldat et le prévôt étaient là, deux pas en arrière, et, comme l'avait dit René, pour l'ornement de la symétrie :

— Monsieur, cette affaire n'a pas de cause sérieuse, et j'ai accepté les pénibles fonctions de témoin surtout avec l'espérance de l'arranger.

Sanajou tendit à d'Apreville une main que celui-ci serra avec cordialité.

— M. de Sorbières, continua d'Apreville, s'est servi, à l'égard du capitaine Anthime Férouillat, que je représente, d'expressions offensantes ; j'ai décidé Férouillat, qui est bon diable, à se contenter d'excuses.

— Ah! monsieur, dit Sanajou.—Ne m'interrompez pas, vous parlerez après ; — je disais donc que j'ai très-péniblement fait consentir Férouillat à accepter des excuses, — pourvu qu'elles fussent formelles, complètes... — Ne m'interrompez pas.

— Au contraire, dit Sanajou, il faut que je vous interrompe, M. de Sorbières m'a exprimé l'intention arrêtée de ne pas faire la moindre excuse.

— J'espère, monsieur, répliqua d'Apreville, que vous n'hésiterez pas à tenter, même malgré l'intention de votre ami, d'arranger l'affaire, s'il est possible : c'est le premier devoir des témoins ; il y aurait de la férocité à ne pas tout faire pour l'accomplir.

— Je suis de votre avis, monsieur, mais...

— Écoutez, je ne vais pas vous surfaire, je ne vais pas vous demander des mille et des cent, — je ne vais pas vous demander des choses qu'un brave homme ne demande pas, parce qu'un brave homme ne peut les faire; voici les excuses que je m'engage à faire agréer à Férouillat, — je les ai édulcorées le plus possible, mais, par exemple, il n'y a pas un iota à en retrancher; c'est à prendre ou à laisser.

— M. René de Sorbières écrira ces paroles.

Et Hercule tira de sa poche une note écrite à l'avance.

« Je reconnais que je n'ai jamais eu l'intention d'offenser le capitaine Anthime Férouillat, que je respecte infiniment; je nie avoir prononcé, en parlant de lui, les expressions de *ridicule*, de *grossier*, de *berger;* — si de pareilles expressions m'étaient échappées, je n'hésiterais pas à en faire les plus formelles excuses et à en demander pardon au capitaine Férouillat. »

Sanajou rougit de colère, et d'une voix saccadée :

— Monsieur, dit-il, vous m'avez vu un peu trop vite, peut-être, accueillir vos propositions pacifiques. Mon inexpérience de ces sortes d'affaires, l'horreur du sang, une ancienne et tendre amitié pour M. de Sorbières, m'avaient disposé à essayer de lui faire agréer des expressions qui auraient pu peut-être tout concilier. Mais je me suis trompé, monsieur; je n'ai jamais manié qu'une plume, monsieur, mais, si on me proposait une pareille rétractation, quand mon adversaire

aurait un canon pointé sur moi ; quand je n'aurais pour me défendre que mon canif, je vous déclare que je ne laisserais pas causer mes témoins plus longtemps. — C'est moi qui ai ici des excuses à faire, monsieur, mais à mon ami. Il m'avait défendu de laisser finir une phrase qui parlerait d'excuse ; je n'ai mission que de fixer les conditions du combat et d'y assister.
— Parlez donc en ce sens, monsieur.

— Je regrette votre vivacité, monsieur, dit Hercule d'un air câlin ; si vous aviez fait, de votre côté, autant de concessions que j'avais amené Anthime à en faire, — il ne voulait pas d'excuses d'abord, — nous aurions évité l'effusion du sang. — Un célèbre maître d'armes, Grisier, l'a dit avec raison, monsieur : les témoins tuent plus de gens que les armes ; — réfléchissez encore.

— Sur votre rédaction?

— Attendez, pardon ! il y a une omission à réparer, le capitaine Férouillat exige qu'il y ait « à en demander *humblement* pardon. »

J'avais passé par mégarde ce mot auquel il tient.

— Assez, monsieur !

— Vous l'exigez, monsieur ! passons au second acte du drame sanglant dans lequel nous avons, vous et moi, le rôle le plus douloureux. — Le capitaine Férouillat a le choix des armes ; il prend le sabre.

— Je croyais, monsieur, que cette arme, usitée entre militaires, n'était pas acceptable pour un bourgeois. — Je prends sur moi cette observation, que M. de Sorbières m'a défendu de faire, mais j'en appelle à votre honneur, n'abusez pas de la grandeur d'être de M. de Sorbières.

Le soldat acolyte de Sanajou s'avança et dit :

— Un bourgeois n'est pas forcé de se battre au sabre ; pas vrai, sergent ?

— La justice avant tout, répondit le prévôt ; Camuchet a raison, et d'ailleurs il répète ce que je lui ai appris ; le pékin, réputé inférieur et peu accoutumé, n'est pas forcé d'accepter l'arme des troubadours, ça ne peut être qu'un effet de sa volonté.

— Ces deux braves gens pensent comme moi, monsieur.

— Anthime tient au sabre, c'est son droit.

— Je le conteste, fort de l'opinion de ces deux militaires, dont un, qui est mon adversaire, obéit à la justice et à l'honneur, en s'exprimant comme son camarade ; — mais il n'y a pas à discuter le droit, M. de Sorbières accepte ; mais je vous prie d'insister auprès de M. Férouillat pour qu'il renonce à un avantage que lui veut faire la générosité de mon ami.

— Il est inutile que je consulte Férouillat.

— Je vous le demande sérieusement : est-il loin d'ici ?

— A deux pas; j'y vais pour vous prouver une fois de plus dans quelles idées de conciliation j'avais accepté les pénibles fonctions que je partage avec vous.

D'Apreville alla trouver Anthime et lui dit :

— Il n'y a pas moyen d'arranger l'affaire.

— Mais je ne t'ai pas chargé de l'arranger.

— Si tu avais accepté des excuses : eh bien! on n'en veut pas faire; je les avais adoucies un peu plus peut-être que tu ne m'y avais autorisé, mais ils ne veulent pas en entendre parler.

— Tant mieux !

— On m'envoie vers toi pour te proposer d'accepter le pistolet en place du sabre.

— Hom, hom ! que penses-tu ?

— Rien; mais ces mirliflores-là, c'est souvent forts au pistolet; c'est une élégance d'aller au tir et de toucher des mouches; ça ne demande pas de force et surtout ça n'exige qu'un courage positif; je ne veux pas t'influencer, mais, si tu cèdes tes droits, je me retire, le prévôt t'amènera un soldat pour me remplacer.

— Dis-leur que je maintiens mon droit.

— C'est bien.

Hercule rejoignit les autres témoins.

— Messieurs, dit-il, ainsi que je l'avais prévu, mon ami refuse de céder sur le choix des armes, il maintient le sabre, — mais il consent encore, et pas sans peine, à accepter les excuses que...

— Monsieur, interrompit Sanajou, mon ami accepte le sabre ; quand se battra-t-on ?

— Tout de suite, dans une heure ; prévôt, vous devez connaître une bonne place ?

— Il y en a une où j'ai ouvert la tête du maître d'armes du régiment de cavalerie qui a passé ici le mois dernier ; la place est jolie et on peut y montrer son talent ; Camuchet la connaît comme moi, il était mon témoin, et c'est lui qui avait affilé les sabres.

— Eh bien ! monsieur, dit Hercule, dans une heure donc ; le militaire Camuchet nous conduira, nous aurons des sabres.

— Je regrette, monsieur, de ne pas vous avoir trouvé dans des dispositions aussi conciliantes que les miennes, nous aurions arrangé cette triste affaire.

— Assez, monsieur !

— Réfléchissez, décidez votre ami — et tant qu'on n'a pas dit : Allez ! — il est encore temps.

Augustin Sanajou tourna le dos à d'Apreville sans lui répondre ; celui-ci se retira avec le prévôt, qui lui dit, en s'en allant :

— Vous êtes un particulier qui avez tout de même une drôle de manière d'arranger les affaires.

En ce moment, René revenait ; il salua Hercule, Anthime et le prévôt, qui se réunissaient, et entra chez lui, — où, à la nouvelle qu'il se battait dans une heure, il dit : C'est bien, — fit donner à déjeuner au soldat, — but avec Augustin un verre de vin de Madère, dans lequel ils trempèrent un biscuit, puis il s'enferma avec lui, lui remit des papiers et lui donna quelques instructions pour le cas d'une mauvaise chance.

Puis on se mit en route.

— Augustin, dit René, je ne veux pas qu'il y ait la moindre conversation sur le terrain.

— C'est mon avis, dit Sanajou.

On ne tarda pas à arriver, sous la conduite du soldat ; Férouillat et ses témoins furent aperçus dans une allée couverte, qui s'avançaient, le prévôt en avant, portant les sabres, Hercule parlant bas à Férouillat avec des gestes qui évidemment s'appliquaient à l'escrime.

On se salua de part et d'autre ; Hercule, s'approchant de René, dit :

— Monsieur de Sorbières, si votre témoin...

— Monsieur, dit Sanajou s'interposant, assez de conciliation comme cela, l'affaire n'a pas besoin d'être envenimée.

— Mesurons les sabres, dit le soldat, qui voyait bien qu'il n'y avait pas à causer.

Le prévôt et le soldat mesurèrent les sabres, s'assurèrent qu'ils étaient également affilés, puis ils placèrent les adversaires, qui avaient ôté leurs habits, à une distance convenable. Chacun passa les mains sur la poitrine du combattant adverse pour s'assurer qu'il n'avait rien sous la chemise qui pût le garantir.

Puis ils se reculèrent.

Et le prévôt dit :

— Allez !

« Pourvu, se dit Hercule d'Apréville, qu'il ne m'entame pas mon Férouillat. »

René attaqua le premier et faillit atteindre Férouillat d'un coup de sabre sur la tête ; mais celui-ci recula en parant, — puis se remit en garde en menaçant son adversaire dans les lignes hautes. — Celui-ci, voyant Férouillat découvert dans le dessous, essaya de l'y surprendre; Férouillat para seconde. — Naturellement, d'après les leçons qu'il avait reçues, René s'attendait à une riposte en haut; Férouillat tournant rapidement le poignet, la main en octave, ce froissement le confirma dans son impression, et il para de prime. — Mais Férouillat fit filer sa lame tout droit, et la pointe du sabre entra dans la poitrine de René. Férouillat recula d'un pas et se remit en garde. — René agita le sien un moment, le laissa tomber, et s'affaissa dans les bras de Sanajou et des deux soldats : — le sang coulait abondamment par une large blessure. — René paraissait suffoqué, sa respiration était courte.

— Messieurs, s'écria Sanajou, allez vite prévenir le médecin, qui est chez M. de Sorbières, où je lui ai donné rendez-vous.

C'était le moyen le plus honnête de quitter la place; Anthime et Hercule en profitèrent.

Pendant ce temps, René était devenu affreusement pâle; une sueur froide inondait ses tempes et ses joues. — Il fallut l'étendre sur l'herbe, arracher sa chemise, la mettre en tampons pour essayer d'arrêter le sang.

Le médecin arriva; il approcha son oreille de la plaie. L'air s'en échappait dans l'expiration, et pénétrait dans l'inspiration avec un bruit particulier.

Il se hâta de rapprocher les bords de la blessure avec des bandelettes agglutinatives.

— Eh bien? demanda Sanajou d'un regard plein d'anxiété.

Le médecin leva les yeux au ciel — et écarta les mains pour exprimer que la blessure était grave et qu'il ne pouvait encore se prononcer.

Sur son ordre, les deux soldats coupèrent de grosses branches à coups de sabre et en formèrent une litière avec les habits de René et ceux de Sanajou, puis on se mit en devoir de transporter chez lui René, qui s'agitait sans ouvrir les yeux et paraissait éprouver de douloureuses angoisses.

Les deux soldats le portaient; le médecin et Sanajou le maintenaient des deux côtés; — quand on fut arrivé on mit le blessé dans son lit, — les deux soldats s'en allèrent.

— Camuchet, dit le prévôt, — voilà un fier coup de sabre, c'est tout à fait contre la tradition, un homme paré en seconde doit se relever en prime ; — mais il faut toujours se défier, tu aurais été pris tout comme ce pauvre monsieur; c'est un joli coup, que nous allons travailler un peu en rentrant; c'est une botte secrète à ajouter à celles que je t'ai montrées, et que je placerai en dessous, mais assez près de ma *favorite*, que je ne montre à personne, qu'à ceux qui la reçoivent, comme il est arrivé au maître du 8ᵉ chasseurs à cheval.

— Monsieur, dit le médecin à Sanajou, les symptômes, je ne dois pas vous le cacher, sont des plus terribles, votre ami est perdu.

— Mais, docteur, que faire?

— Suivre les prescriptions de la science, mais sans espoir.

— Docteur, ne vous offensez pas, mais je veux tout tenter, je vais prendre des chevaux, aller à Paris, ramener le docteur X...

— C'est une lumière de la science, mais il ne sauvera pas votre ami.

— N'importe; je vous recommande mon malheureux ami, ne le quittez que le moins possible, comptez sur ma reconnaissance, je serai ici dans le temps rigoureusement nécessaire pour faire deux fois la route.

— Bérénice, dit-il, prenez du monde pour vous aider, faites un lit, préparez une chambre pour le docteur, qui couchera ici ; — je vous en prie, docteur, vous coucherez ici, — Bérénice vous fera à manger, vous ne serez pas mécontent d'elle. — Ne quittez mon pauvre ami que le temps strictement nécessaire pour vos visites indispensables : — vous me le promettez ? vous n'aurez pas obligé un ingrat.

Sanajou entra voir un instant René, qui était toujours dans la même situation ; il l'entendit cependant et répondit par une pression de main, quand Augustin lui dit : — La blessure est grave, mais nous te sauverons, il n'y a pas de danger sérieux, je cours à Paris chercher le docteur ***, — le médecin d'ici ne te quittera pas, — sois tranquille.

Puis il dit à part à Bérénice :

— Ma pauvre Bérénice, nourrissez bien le docteur ; donnez-lui le meilleur vin de la cave. — Soignez bien René. Adieu !

Et il se procura un cabriolet auquel on mit deux chevaux de poste.

— Mon ami, dit Sanajou au postillon, il s'agit d'aller vite. — Cinq francs de guide ou quinze sous, — avertis tes camarades.

D'Apreville et Férouillat furent quelque temps sans parler,—jusqu'à ce qu'ils eussent averti le médecin; seulement Hercule se dit à lui-même :

« Allons ! on m'a laissé mon Férouillat intact, tout entier. »

— Ah çà ! ne va pas raconter l'affaire à ta femme !

— Sois tranquille...

— Le coup doit être rude, j'ai senti le sabre entrer... entrer.

— C'est tout simplement un homme perdu.

— Crois-tu ?

— J'en suis sûr ; le poumon est touché, on l'entendait râler.

— Ma foi, tant pis ! il n'avait qu'à ne pas m'appeler berger.

— Comme tu dis, il n'avait qu'à ne pas t'appeler berger... Ah çà ! tu es donc pour la vengeance, toi, Férouillat ?

— Je suis pour ne pas me laisser marcher sur les pieds.

— Tu penses donc que, pour une offense, on a le droit de tuer un homme ?

— Dame ! ça dépend de l'offense.

— C'est juste : par exemple, quand on a été appelé berger.

— Non, je ne tenais pas à le tuer; je me serais contenté d'une bonne leçon... mais enfin, tant pis!

— Trouves-tu, mon ami Férouillat, que je t'aie bien servi dans cette affaire?

— Admirablement.

— Comment trouves-tu ma petite botte?

— Superbe!

— Eh bien! il faut que tu m'assistes à ton tour.

— Comment?

— Je me bats demain matin.

— Avec qui?

— J'ai des raisons pour ne pas te dire son nom.

— Je le connais?

— Oui, et tu connais en même temps un fieffé gredin.

— Qu'est-ce qu'il t'a fait?

— Tu le sauras avant l'affaire. Sache seulement que moi, qui ne voudrais pas égratigner un homme qui m'aurait appelé berger, j'espère bien tuer celui-là et le donner à manger aux corbeaux.

— C'est donc bien grave?

— Assez pour qu'il soit nécessaire qu'un de nous deux reste sur la place ; mais ce sera lui.

— Dois-je voir les témoins ?

— Tout est arrangé d'avance, on se trouvera demain dans la petite île des Saules, dans la rivière.

— Mais les conditions ?

— Oh! les conditions, je les impose... je suis offensé.

En prononçant ces mots, les yeux de d'Apreville lançaient des éclairs ; Férouillat le regarda avec étonnement.

— Je suis offensé... rudement offensé, continua d'Apreville.

— Alors, la botte d'aujourd'hui pour seconde, la main et octave...

— Non, il la connaît.

— Ah diable !

— On se battra au fusil, à l'américaine !

— Je n'aime pas ce duel-là.

— C'est un bon duel pour tuer.

— Tu veux le tuer absolument donc ?

— Si je veux le tuer !...

Et d'Apreville dit ces mots avec tant de rage et d'une voix si singulièrement vibrante, que Férouillat le regarda encore d'un air soupçonneux et surpris.

— Il faut absolument que tu sois là, dit Hercule ; va-t'en à la ville pour jeter un coup d'œil à la goëlette, puis reviens souper et coucher à la maison. — Je ne te lâche plus. — On nous éveillera avant le jour ; les deux Valin avec le flot nous auront bien vite menés au canot. — Adieu, à tantôt!

Férouillat s'en alla un peu pensif; puis il se dit :

« Allons donc !... Pourvu cependant qu'il ne se fasse pas tuer. L'affaire de la goëlette n'est pas finie, et ça n'est pas la veuve qui la finirait, quand elle n'aurait plus peur de moi... Et quand elle va savoir que je lui ai décroché son godelureau... Comment faire pour qu'elle ne le sache pas?... Il s'agit de presser l'affaire de la *Belle-Noëmi* et de payer la chose en monnaie de petit hunier. »

Avant de rentrer chez lui, d'Apreville alla prendre des nouvelles de M. de Sorbières. Il apprit que le médecin en désespérait et que Sanajou était parti pour Paris.

— Après tout, dit-il, il n'avait qu'à ne pas appeler le capitaine Anthime Férouillat berger. Il ne s'agit pas d'appeler un homme berger, et de croire qu'il vous dira ensuite : — Grand merci!

Puis il rentra et dit à Mathilde :

— M. de Sorbières a été blessé par Férouillat; arrange-toi pour que Noëmi n'en sache rien jusqu'à demain après notre départ. Férouillat couche ici, je l'emmène avec tes fils demain, avant le jour, faire un tour dans la rivière... où je vais à présent; — le canot est-il paré?

— Oui, et les deux gas vous attendent.

D'Apreville ne rentra que pour le souper. Férouillat était là depuis une heure. — Noëmi ne savait rien : Mathilde, la voyant se disposer à sortir, lui avait charitablement conseillé de n'en rien faire, en lui disant :
— Le maître m'a donné l'ordre de lui dire si vous sortiez.

Elle n'avait laissé personne entrer dans la maison. D'Apreville dit :

— Il est arrivé un accident à un de vos amis, Noëmi, M. de Sorbières...

Mathilde devint pâle, et Férouillat rougit jusqu'au violet.

— Je pense que ce n'est pas grand'chose, une chute de cheval... à ce que je crois.

— Il faudrait envoyer...

— J'en viens... je n'ai pu entrer... Mathilde y enverra son fils de grand matin.

Noëmi resta silencieuse.

On ne tarda pas à se coucher.

VIII

Une heure avant le jour, ainsi qu'elle en avait reçu l'ordre, Mathilde battit le branle-bas. — Elle ouvrit brusquement la porte d'Anthime, alla à lui, le secoua vigoureusement et s'écria :

— Allons, maître Férouillat, — debout! le jour va bientôt paraître. — Le patron est levé depuis une heure, — il vous attend.

Anthime Férouillat, réveillé en sursaut, s'écria :

— Qui va là? qu'est-ce que c'est? Qu'on n'éveille pas la reine !

— Rêvez-vous ou êtes-vous fou, maître Anthime ? je vous dis qu'il est temps de vous lever.

— Ah ! c'est toi, Mathilde ; — c'est bon, on se lève.

Jamais homme ne se réveilla plus mal à propos. Il rêvait qu'il était seul maître de la *Belle-Noëmi*, — la coque de la *Belle-Noëmi* était en bois de cèdre et les mâts en bois de citronnier doré, les voiles en soie bleu de ciel et les cordages en argent fin. — La canne à sucre et la betterave étaient mortes de maladie; — il n'y avait plus de cannes à sucre que dans une seule île qu'il avait découverte, on vendait chaque livre de sucre contre sept fois son poids en or. — L'île appartenait à une reine qui tombait éprise de Férouillat et qui l'épousait ; cette reine était très-jeune, très-belle, et, par une de ces péripéties communes dans les rêves, elle se trouva être Noëmi.

La reine était couchée sur un lit de satin blanc, et Sa Majesté Férouillat allait se mettre auprès d'elle, lorsque la voix glapissante de Mathilde l'avait fait rentrer dans la vie moins brillante du capitaine Anthime Férouillat. Il eut besoin de quelques instants pour se réconcilier avec la vie, à laquelle son rêve ne pouvait manquer de faire du tort. — Cependant il se dit : — Je suis propriétaire de la moitié de la *Belle-Noëmi*, capitaine du navire, — et hier... hier, j'ai à peu près tué M. de Sorbières, — quoique, à vrai dire, j'aimerais presque autant qu'il ne mourût pas... on pourrait peut-être me tracasser. — Allons, allons ! la chance du capitaine Férouillat n'est pas encore des plus mauvaises.

...Mais ce matin... Ah ! bah !... j'aimerais mieux pourtant que ça fût fini.

Il s'habillait tout en s'adressant ces paroles.

Il remit dans ses poches deux petits pistolets cachés

sous son oreiller, avec sa montre et sa bourse, et il était prêt, ou peu s'en fallait, lorsque Hercule d'Apreville entra dans sa chambre, suivi de Mathilde, qui portait sur un plateau du pain, du fromage, du genièvre et de l'eau-de-vie.

— Allons! Anthime, dit-il, lestons un peu le bâtiment; nous avons à faire une traversée de quelques heures. En fait de déjeuner, on n'est certain que de ce qu'on a dans l'estomac.

— Arsène, dit-il au fils de Mathilde, — descends les fusils dans le canot.

— Mathilde, a-t-on des nouvelles de ce pauvre diable de M. de Sorbières?.

— J'en viens, maître Hercule. — Le jeune homme ne va pas bien; — il a une fièvre qui le mange. — On attend le grand médecin de Paris que son ami Sanajou est allé chercher en poste hier.

— Sacré Férouillat, tu touches dur, quand tu t'y mets.

— Voilà ce qui arrive aux enfants et aux mousses, quand ça veut jouer avec des hommes et avec des matelots. — D'ailleurs, on ne peut pas se battre et ne pas se taper un peu sur les doigts. — J'espère qu'il va y avoir encore une leçon de donnée aujourd'hui.

— As-tu déjeuné, Férouillat? Il faut profiter du flot pour remonter dans la rivière.

— Encore un verre d'eau-de-vie, et je suis paré.

— A ta bonne chance, Hercule! dit-il en choquant son verre contre celui d'Hercule d'Apreville.

— J'accepte tes vœux, Férouillat, je les accepte de grand cœur; — maintenant, en route!

— Tu sais, Mathilde, ce que tu as à dire à Noëmi, une partie de chasse...

— Non, maître Hercule; elle m'a recommandé d'entrer dans sa chambre aussitôt que j'aurais des nouvelles.

— Il faut lui obéir, Mathilde, dit sévèrement d'Apreville en voyant de quel air rechigné Mathilde parlait de Noëmi.

— Que ces pauvres maris sont donc drôles! pensait Férouillat : — en voilà un qui passe pour un homme qui ne s'endort pas pendant le quart; — eh bien! il n'a pas vu la pâleur de sa femme, quand elle apprit l'accident arrivé à son godelureau. — En voilà une qui n'aurait pas fait des vœux bien ardents pour moi... si elle avait su, — et qui n'aurait pas mieux demandé que de me desservir auprès du bon Dieu, si le bon

Dieu s'amusait à écouter des pécheresses comme elle.
— Pauvre mari, va!...

On descendit à la mer. — Mathilde profita d'un moment où Hercule d'Apreville était en arrière pour saisir sa main, qu'elle porta à ses lèvres. Cette main était froide comme un serpent. Elle les regarda partir, puis alla à l'église allumer un cierge devant la chapelle de la Vierge.

Quand elle revint, Noëmi l'avait appelée déjà plusieurs fois.

— Mathilde, lui dit-elle, a-t-on des nouvelles de M. de Sorbières?

— Oui, madame, dit-elle, le maître m'a envoyée en chercher ce matin.

— Eh bien?

— Eh bien! ça ne va pas mieux, et ça ne va pas plus mal. Il ne parle pas. On est allé chercher un grand médecin à Paris... Madame veut-elle déjeuner?

— Non, je n'ai pas faim. — Hercule est sorti?

— Oui, madame, avec maître Férouillat... ils sont allés à la chasse; mais le déjeuner de madame va refroidir.

— Laisse-le refroidir, Mathilde, et laisse-moi; je

vais sortir un peu et prendre l'air,—j'ai une affreuse migraine, — ça me fera du bien.

Pendant ce temps, Hercule et Anthime avaient rejoint le canot tiré sur la plage, les deux fils de Mathilde le mirent à flot, — s'élevèrent au vent avec les avirons, puis hissèrent la misaine, et on commença à faire de la route, grâce à une petite brise qui ridait l'eau.

— Tu as beau dire, Hercule, dit Férouillat, — ce combat des Américains, ce combat au fusil, — est un combat de cannibales, — un combat de Peaux-Rouges et de Hurons.— J'aurais mieux aimé te voir arranger l'affaire autrement.

— Pourquoi? Je te dirai ce que tu disais tout à l'heure : — Quand on se bat, il faut bien se taper un peu sur les doigts. — Crois-tu que ta manière d'hier était plus amicale et plus tendre? Crois-tu que la façon dont tu as frappé ton homme parût méprisable aux Sioux les plus rouges et les plus ornés de chevelures ?

— N'importe, il faut qu'un homme soit bien offensé pour se battre ainsi.

— Aussi suis-je très-offensé.

— Vas-tu enfin me dire ton affaire?

— J'ai vu une fois un combat pareil.— C'était dans un bois très-touffu. — Les deux adversaires passaient pour bons tireurs, — et ils se défiaient l'un de l'autre. — Une fois placés, ils commencèrent par s'écarter et se mettre à l'abri. — Il arriva que l'un des deux, après avoir attendu une heure et demie, perdit patience et se mit à la recherche de son homme. — Il s'avança avec prudence, — s'abritant derrière les troncs d'arbres, — et, avant de faire un pas et de se découvrir, — jetant un coup d'œil tout alentour. — Il se passa quatre heures encore, et cependant il ne s'impatienta pas. — Jamais il ne fit un pas imprudent ; — mais tout à coup il tomba foudroyé : une balle lui avait percé le sommet du crâne. — Son ennemi, juché au plus haut d'un arbre, n'avait pas bougé et avait attendu patiemment qu'il passât au pied de l'arbre et à sa portée. — Les amis du mort firent des observations...

Les amis du mort n'avaient pas raison, — c'est la règle de ce duel. — Les deux hommes, également armés de fusils pareils, — les deux coups chargés, — avec un nombre égal de cartouches dans les poches, peuvent imaginer toutes les ruses possibles. — La seule chose qui leur soit défendue est de sortir d'une enceinte ou d'un rayon convenu.— D'ailleurs, si celui qui était sur l'arbre avait été aperçu, l'autre l'aurait décroché et descendu comme une grive.

— Voici l'île en vue, encore deux petits faux bords, et nous y serons. Que font les témoins pendant ces affaires ? dans celle où j'ai assisté en curieux, ils étaient allés boire à dix minutes de chemin du lieu du combat.

— Ils avaient parfaitement raison, les témoins, n'ayant aucunes règles à faire observer dans un duel qui n'en a pas, ne pourraient que courir inutilement des dangers.

— Nous pourrons nous tenir dans les canots. — Mais çà, voyons, — d'Apreville, mon vieux, — est-ce qu'il n'y a pas absolument moyen que ça s'arrange, cette affaire-là ?

— Nous voici dans la rivière.

— Aucun moyen, — et tu seras de mon avis quand tu connaîtras les causes du duel.

— C'est cruel d'avoir à te parler de ça... mais tu as une femme.

— Eh bien ! oui, — j'ai une femme... Après ?

— Après, tu as un enfant.

— Ma pauvre petite Esther...

15.

— Il peut t'arriver malheur... quoique j'espère bien le contraire... As-tu pensé à eux, à tes affaires ?

— Ah ! mon Normand, dit Hercule d'Apreville en souriant, tu veux savoir ce que ma mort peut te coûter. Les affaires auxquelles tu penses, — ce sont les affaires qui concernent la *Belle-Noëmi* et son nouveau capitaine.

— Ah ! Hercule... tu me méconnais.

— Non, par le diable ! je ne te méconnais pas... Sois tranquille, tout est en ordre. — Ah çà ! est-ce que tu crois à l'amitié, — toi ?

— Je serais bien ingrat, — tu m'as toujours servi dans l'occasion. — Hier, tu m'as peut-être sauvé la vie, car le jeune homme, pour un moment, n'était pas manchot, et aurait volontiers fait de ma peau un fourreau pour son sabre ; — et ne vas-tu pas faire ma fortune en me donnant le commandement de la goëlette ?

— Tu te trouves heureux comme cela, Férouillat ?

— Ma foi ! oui, — et sans ta maudite affaire d'aujourd'hui... Mais nous voilà à terre. — Accoste, Arsène, accoste, — amène la misaine, Césaire. — Bien, garçons, — nous nous retrouverons sur la goëlette.

On descendit dans l'île, — Hercule prit les deux fusils. — Les deux matelots, fils de Mathilde, qui avaient sans doute reçu d'avance leurs instructions, reprirent le large et allèrent mouiller à une trentaine d'encâblures de l'île, près de la terre.

— Je ne vois pas d'autre embarcation, dit Férouillat.

— Faisons le tour de l'île.

L'île avait à peu près un quart de lieue de tour, — elle était plantée de saules au tronc énorme et bizarre, — dont les branchages formaient un berceau épais.— Hercule, qui y était venu la veille cependant, — examinait avec attention.

Le tour de l'île parcouru, Férouillat regarda au loin du côté de la mer.

— A moins, dit-il, que ton adversaire n'ait jugé plus magnifique de se faire transporter par le brick que je vois là-bas... Il n'y a pas une embarcation à portée de vue, — et Férouillat a des yeux qui rapprochent. Allons, allons ! ton adversaire ne viendra pas.

— Je n'ai pas d'autre adversaire ni d'autre ennemi que toi, — et il ne sortira de cette île qu'un de nous deux.

— Es-tu fou ?

— Je l'ai été le jour où j'ai cru à l'amitié, — où j'ai

confié à un voleur et à un traître ma maison et ma femme.

— Je ne comprends pas... Hercule, je ne comprends pas du tout.

— Je vais, gredin que tu es, — t'épargner des mensonges ; je sais absolument tout, — c'est moi qui ai rendu nécessaire ta querelle avec le Sorbières, — car tu reculais, tu es un lâche !...

— Hercule !

— Mets-toi en colère, — ça te donnera du cœur.

— Prends garde !

— Je ne voulais pas me risquer contre le Sorbières, et je t'ai aidé contre lui parce que je me réservais ta punition. — Lui, il a fait son état : il a trouvé une femme jeune et jolie, de bonne volonté, une femme déjà perdue, il a profité de l'occasion. Pourvu qu'il meure, pourvu qu'il n'existe plus, — je ne tiens pas à le tuer moi-même, — mais toi, c'est différent.

— Allons ! Hercule, reprends ton bon sens : des apparences, peut-être.

— Ah ! des apparences ! et pourquoi haïssais-tu M. de Sorbières ? parce qu'il était ton rival... Je te le répète, je sais tout..... Je puis te dire le premier jour où tu es resté trop tard chez moi. Je sais tous les détails... leur date, le jour, l'heure...... mais cela m'étrangle d'en parler. Nous allons nous battre: tu sais les conditions du combat?

— Je ne me battrai pas avec toi.

— Ah, tu crois?...

— Non, un camarade de trente ans.

— Tu aurais dû y penser lorsque tu me trahissais.

— Ah! ce Jean faible ne veut pas se battre honnêtement avec moi et il veut bien m'assassiner par derrière! — Pas de pleurnicheries. — Il faut en découdre.

— Non... :

— Écoute, tu sais si je tiens ma parole. — Eh bien! si dans deux minutes tu n'es pas décidé, — je te tue avec mon couteau. Allons donc! on est traître, on est menteur, on est fourbe, on est voleur : — est-ce que décidément on est lâche ?

— Hercule, tu sais bien que non.

— Ma foi! je n'en sais rien : tu n'avais pas trop envie de te battre hier.

— Eh! imbécile, c'était ta femme qui me le défendait.

— Ah! maintenant que tu as avoué...

— Écoute... c'est bête, ça. — Demain je quitterai le port, — et nous ne nous reverrons pas.

— Tu quitteras le port demain, si tu me tue aujourd'hui. — Les deux minutes sont passées.

Et Hercule d'Apreville — tira et ouvrit un grand couteau. — Ses yeux étaient injectés de sang.

Anthine Férouillat, qui connaissait de longue date son extrême violence, vit qu'il n'y avait pas moyen de reculer.

— Tu le veux? dit-il. — Deux vieux amis de trente ans pour une femme...

Hercule lui cracha au visage et dit :

— Choisis ton fusil.

Anthine, pâle, prit un des fusils sans répondre.

Hercule ajouta :

— Maintenant, voici quatre cartouches — prends-en deux.

Anthime, étourdi, comme enivré, prit au hasard deux des cartouches.

— Voici huit capsules — à chacun quatre.

Anthime prit quatre capsules.

— Maintenant séparons-nous. — Prends ta montre, dans cinq minutes juste on se mettra en marche. —

J'ai accepté tes vœux de ce matin, et je compte sur la justice de ce Dieu.

En disant ces mots, d'Apreville s'éloigna en courant et disparut dans les saules.

En ajoutant : « Et comme Dieu demeure très-haut, et que je suis sûr d'avoir raison, il n'y a pas de mal d'aider un peu cette justice. »

Il s'éloigna d'abord jusqu'à l'extrémité de l'île, — jeta au loin les deux cartouches que lui avait laissées Férouillat sur les quatre entre lesquelles il avait choisi, — et dans le creux d'un saule dont il avait cassé une branche la veille afin de le reconnaître facilement, — il trouva une boîte où étaient d'autres cartouches avec lesquelles il chargea son fusil.

Celles qu'il avait jetées contenaient parfaitement des balles, — mais elles ne renfermaient de poudre qu'à l'extrémité où l'on pouvait les déchirer, le reste était du charbon pilé.

— Me battre, — se dit Hercule d'Apreville, — pour que, moi mort, il ait la femme et la goëlette; — non! non! ce serait une folie, je vais le tuer comme un chien.

Puis il regarda à sa montre, — les cinq minutes étoient passées, il se glissa derrière les saules, en se rapprochant de l'endroit où il avait laissé Anthime.

Comme il marchait, le col tendu, la main droite sur le chien de son fusil, — il entendit tout à coup du bruit derrière lui, — il se retourna vivement, — et se jeta derrière un arbre, en voyant Férouillat qui le mettait en joue; — il avait décrit un circuit sans être aperçu et sans faire de bruit.

Férouillat, de son côté, — se voyant découvert, se mit à l'abri d'un gros saule.

Tous deux se trouvaient à une portée ordinaire de fusil.

Hercule se découvrit le premier.

Anthime ajusta, mais se découvrit à son tour pour ajuster.

Deux coups partirent à la fois. La balle de d'Apreville s'enfonça dans le saule; il ne vit nulle part celle d'Anthime.

Il sourit amèrement, se découvrit tout à fait et avança, en tenant son fusil prêt, jusqu'à dix pas de l'abri où se cachait Férouillat.

Puis, il s'élança d'un bond de côté, et, le voyant alors tout entier à découvert, il ajusta avec la rapidité de la pensée.

Et deux coups partirent encore en même temps.

Tous deux tombèrent.

Férouillat avec un horrible juron, d'Apreville sans rien dire, si ce n'est :

— Ah ! le Normand ! Ah ! le renard !

En effet, après une minute qu'il lui avait fallu pour se remettre à la fois et de la ruse ou de l'insulte — et de la stupéfaction où ce brusque revirement de ses espérances l'avait jeté, — Anthime Férouillat, qui, depuis la veille, avait eu à plusieurs reprises de vagues soupçons, avait vu qu'il fallait se battre, et se battre le mieux possible, — sans rien négliger.

Il avait tâté une des cartouches et elle lui avait paru suspecte, il l'avait percée légèrement au milieu, et avait mis sur sa langue quelques grains noirs un peu trop fins à son gré qui en étaient sortis ; — il avait tout deviné, — il avait tiré les balles des cartouches, et avait rapidement chargé son fusil avec les balles et avec la poudre qu'il tira de ses pistolets.

Il avait compris en même temps que le piége que lui tendait Hercule donnait à lui, Férouillat, un immense avantage, parce qu'Hercule, le croyant à moitié désarmé, négligerait naturellement de se mettre à couvert.

D'Apreville, de son côté, se sentant grièvement

blessé, comprit ce qui s'était passé. — Il souffrait horriblement.

Férouillat s'écria :

— Te voilà bien avancé ! — Deux braves gens... pour...

Hercule ne répondit pas, — il se traîna en rampant du côté où gisait Férouillat. — Celui-ci, qui le vit approcher comme un serpent, les yeux ardents, — l'écume à la bouche, essaya de se traîner plus loin ; — la chose lui fut impossible, il avait la cuisse brisée, — il se rassura quand il s'aperçut que d'Apreville n'avait plus la force d'avancer et était retombé inerte sur l'herbe, — mais bientôt celui-ci, après un instant de repos, reprit sa marche rampante, toujours sans parler.

Quand il ne fut plus qu'à trois pas, Férouillat eut tout à fait peur; il essaya encore de s'éloigner, — mais en vain, — d'Apreville saisit une de ses jambes et s'en servit pour se hisser jusqu'à lui. — Ce n'était pas la jambe blessée, — Férouillat la débarrassa, et chercha à repousser son ennemi à coups de pieds ; — mais, outre que la douleur intolérable que lui causait le moindre mouvement ne laissait guère de force à ses coups, d'Apreville, sans parler, sans essayer de se garantir, recevait les coups, mais continuait à avancer. — Alors Férouillat le saisit et essaya de l'étrangler ; — mais il sentit alors un froid mortel lui glacer le cœur. — C'était le couteau d'Hercule d'Apreville, que celui-ci lui enfonçait dans la poitrine, et qu'il faisait tourner dans la blessure ; ses doigts se crispèrent autour du col de d'Apreville, qui perdit la respiration ; mais tout à coup les doigts se détendirent, — Anthime poussa un hurlement de bête féroce et expira.

A ce cri, les deux frères restés sur le canot se consultèrent et accostèrent l'île. — Ils ne tardèrent pas à trouver deux corps étendus ; — l'un était un cadavre, — l'autre avait la même immobilité, mais respirait encore, — c'était celui de d'Apreville. — Ils le transportèrent dans le canot, sans échanger une parole, et sans même s'assurer si Anthime était bien mort, — puis sortirent de la rivière, hissèrent la misaine, et mirent le cap sur la maison du maître.

Mais le vent était court, un canot avec une simple misaine ne pouvait *le serrer* ou aller *au plus près*, — ils n'arrivèrent à terre qu'à la nuit.

Mathilde leur dit ce qu'ils devaient raconter : — Anthime, en chassant, avait, par maladresse, frappé son ami, puis il avait disparu dans l'égarement de son désespoir; — ils ne l'avaient pas revu.

Elle envoya en toute hâte chez M. de Sorbières chercher le médecin, il était absent. — On y retourna, il ne devait revenir que dans deux heures, il était à plus de trois lieues de là. — Mathilde envoya à la ville chercher l'autre médecin, il était auprès d'une femme en mal d'enfant — et en danger, il lui était impossible de s'absenter.

Quand les fils de Mathilde rapportèrent à la maison le corps sans mouvement du capitaine Hercule d'Apreville, Noëmi était absente; elle était allée le matin chez René; mais la vieille Bérénice lui avait alors appris la vérité. Elle savait que c'était Férouillat qui avait blessé René : elle apprit que le médecin de la localité n'avait rien pu faire espérer et paraissait au bout de son peu de latin, et que M. Sanajou était allé en poste à Paris chercher une célébrité, qui, seule, déciderait du sort de M. de Sorbières.

— Écoutez-moi, ma bonne Bérénice, avait-elle dit, permettez-moi de le voir un moment.

— Impossible, madame, M. Sanajou m'a défendu de laisser entrer personne dans la chambre de monsieur, la moindre émotion pourrait être mortelle, et il n'a pas déjà trop de chance pour lui.

— Mais, Bérénice, ne pourrais-je l'apercevoir un moment sans qu'il me vît ?

— Dame ! s'il lui arrivait, comme hier, d'avoir son accès de fièvre à cinq heures et de s'endormir à la fin du jour, — c'est un sommeil si profond qu'un instant j'en ai eu peur, — alors vous pourriez le voir un moment, car M. Sanajou ne peut arriver que dans la nuit de demain.

Et Noëmi était retournée à l'heure indiquée ; ainsi que l'avait prévu Bérénice, René dormait d'un sommeil léthargique. — Noëmi put contempler ce beau visage pâle et calme, et elle baisa une main qui pendait hors du lit, — puis, cédant aux exhortations de Bérénice, elle sortit et retourna lentement chez elle. — Elle vit d'en bas de la lumière dans la chambre de son mari, mais elle ne s'en inquiéta pas. La mansuétude d'Hercule, et l'entière confiance qu'il montrait depuis quelque temps, étaient telles qu'au besoin elle aurait dit qu'elle était allée, en se promenant, prendre des nouvelles de M. de Sorbières.

Elle sonna une fois, — deux fois, personne ne vint : elle appela, sonna encore. — Enfin, on ouvrit la porte. — Mathilde, dit-elle, j'ai sonné pendant un quart d'heure.

— Ah! dit Mathilde, j'ai bien autre chose à faire qu'à ouvrir la porte, il s'en passe de belles dans la maison !

— Et que se passe-t-il?

— Montez, et vous verrez sur son lit le maître qu'on vient de rapporter à moitié mort.

— Qui... à moitié mort ? Monsieur d'Apreville... mon mari !

— Oui, votre mari, madame, et c'est pour cela qu'il va mourir !

— Qu'est-ce qu'elle dit ?... Allons ! laissez-moi passer que je le voie.

Et Noëmi gravit rapidement l'escalier.

Le capitaine n'avait pas encore repris connaissance. Cependant sa respiration était plus forte, son teint plus vivant. — Il ne tarda pas à ouvrir les yeux, — puis les referma et s'endormit.

Noëmi était écrasée, anéantie ; il lui semblait qu'elle était la proie d'un horrible rêve. — Elle se levait brusquement, avec l'espoir de se réveiller, et retombait immobile sur son siége.

Partout des blessures, partout du sang, partout la

mort! — Mais ce nouveau malheur, elle ne pouvait se l'attribuer... Elle questionna Mathilde qui lui répondit à peine ; elle s'adressa à Césaire, — elle n'apprit que ce que Mathilde avait ordonné à ses fils de dire. — Le capitaine Férouillat avait en chassant atteint par maladresse d'Apreville d'un coup de fusil ; en voyant son ami sans connaissance, le croyant mort, il s'était jeté sur lui en pleurant, puis s'était enfui, — sans doute, il s'était à lui-même tiré un coup de fusil. — Les fils de Mathilde avaient entendu une détonation, — mais, occupés de transporter leur pauvre maître, ils ne s'étaient pas occupés de Férouillat.

— Mon Dieu! pensa Noëmi, Férouillat l'a-t-il assassiné par jalousie ? — Oh! non, dit-elle en se rappelant, — non ! — Férouillat n'avait rien à gagner à la mort d'Hercule, et il y perdait la goëlette. — Non, je n'ai pas encore ce nouveau malheur à me reprocher.

Elle se retira dans sa chambre en recommandant à Mathilde de la prévenir aussitôt que M. d'Apreville se réveillerait ; puis, s'enfermant, elle se livra avec une sorte de volupté à répandre les larmes qui l'étouffaient.

Au bout de quelques heures, Hercule d'Apreville ouvrit les yeux, — et s'éveilla, — il se rappela lentement ce qui s'était passé, porta la main à sa blessure — et dit :

— Ah! le Normand !

— Ah! mon maître, mon pauvre maître !

— Tais-toi, Mathilde ; — le Normand m'a peut-être tué, — mais il est mort avant moi. — Ah! quelle joie de lui tourner le couteau dans le cœur !

— Maître Hercule, — elle a dit de la prévenir quand vous ouvririez les yeux.

— Attends un peu... apporte auprès de mon lit cette cassette dans laquelle sont mes papiers. — Bien! après tout je ne suis pas encore mort, et je suis deux fois revenu de plus loin que cela.

A-t-on appelé un médecin?

— Le médecin d'ici, qui a passé l'autre nuit auprès de M. de Sorbières, a été obligé de faire sa tournée de malades, il ne rentrera que dans une demi-heure, à présent.

— Il m'en faut pourtant un.

A ce moment, Noëmi, qui avait entendu parler, ouvrit la porte.

— Mon pauvre ami, dit-elle, quelle horrible chose !

— Quel malheur! — Comment vous trouvez-vous?

— Je me trouve encore vivant, mais cela durera-t-il? Peut-être un médecin en saura-t-il plus long... Ne me faites pas parler, Noëmi, cela me fait horriblement mal...

— Est-on retourné chez le médecin? dit Noëmi à Mathilde.

— On l'enverra aussitôt qu'il arrivera.

— Mais, j'y pense... ce grand médecin qu'on attend pour M. de Sorbières... c'est un coup de la Providence. Mathilde, envoyez Arsène chez M. de Sorbières, — qu'il recommande de dire à M. Sanajou... non, je vais écrire...

Et elle écrivit à la hâte et donna le papier plié à Mathilde, qui envoya Arsène. Il y avait sur le papier:

« Monsieur, M. d'Apreville vient d'être rapporté grièvement blessé... un accident de chasse... Aussitôt que le médecin que vous amenez ici aura vu votre ami, suppliez-le de venir ici... à l'instant même.

« N. D'APREVILLE. »

Il est difficile d'imaginer une situation plus cruelle que celle de Noëmi: par moments auprès de son mari blessé, peut-être mourant, — elle l'oubliait entièrement, et ses yeux à demi fermés lui montraient René de Sorbières étendu sans mouvement sur un autre lit de douleur. — Puis tout à coup elle s'éveillait de ces pensées et s'agitait inutilement autour d'Hercule d'Apreville, qui souffrait horriblement et qui, les yeux fermés, feignait de dormir pour se livrer plus entièrement à ses pensées.

— Pour Noëmi je suis encore, se disait-il, cette bonne dupe, si aveugle, si confiante, si bête, que j'ai fait semblant d'être depuis que j'ai été certain de mon affaire, — depuis que, sûr de la trahison, j'ai résolu la vengeance.

Voici l'infâme Normand mort; — l'autre ne vaut guère mieux. — Ah! si je ne mourais pas, — j'emmènerais Noëmi loin, bien loin; — je lui ferais honte de sa conduite, de son ingratitude... — Ah! que je souffre! — J'aurais le droit de l'isoler... — D'ailleurs, je ne la quitterais plus; car, malgré ses crimes, je suis amoureux d'elle...

Et le malheureux, entr'ouvrant les yeux, examinait avec plaisir le beau visage pâle et les formes élégantes de sa femme.

— Elle sera à moi, bien à moi; — il n'entrera plus un seul homme dans ma maison... Oh! le maudit

Normand! — Si un homme fait mine de vouloir devenir mon ami, je lui chercherai querelle, je le tuerai...
— Qu'elle est belle! — Mais ça me fait mal, — ça irrite mon sang et ma blessure de la regarder. — Bah! on revient de loin, — et le coffre est bon. — J'ai déjà eu une fois une lame d'épée qui m'a traversé le corps de part en part; — je ne sens rien de détraqué en moi.

— A ce moment arriva le médecin de la ville, le premier que l'on avait été chercher.

Il examine la blessure, — la balle a pénétré au-dessous du sein gauche, obliquement, d'avant en arrière; — le médecin introduit un stylet assez profondément sans la rencontrer; il la suppose, dit-il, perdue dans l'espace axillaire, — sous les muscles pectoraux; — le malade ne présente pas de dyspnée, ajoute-t-il, — ses traits ne sont que peu ou point altérés, — il ne tousse pas; — les symptômes généraux ne laissent même pas à supposer que la balle en rasant les côtes ait pu les léser; — la plaie ne rend pas de sang, — le trajet de la balle n'est pas douloureux. — Il n'y a pas grande avarie, dit-il en résumant ses investigations; — au moment de la suture, nous nous occuperons d'extraire la balle; —

probablement il se manifestera quelque gonflement inflammatoire, il faudra débrider à l'endroit où nous supposerons le projectile, et nous le mettrons dehors.

Le blessé n'est nullement en danger, et, s'il a faim, il n'y a aucun inconvénient à ce que demain matin il prenne un bouillon. — Du reste, je reviendrai. — Capitaine d'Apreville, ajouta-t-il, vous en êtes quitte à bon marché. — Vous êtes plus heureux que M. de Sorbières, dont la vie ne vaut pas, à l'heure qu'il est, une pipe de tabac. — On est allé chercher un médecin de Paris. Ils peuvent bien venir tous, les médecins de Paris. Tout ce que je demande, et je le demande sans l'espérer, c'est qu'il vive assez longtemps pour lui mourir dans les mains, à ce fameux médecin. Allons! capitaine d'Apreville, dans huit jours je m'invite à dîner ici, et nous dînerons dans la salle à manger.

Il partit. Noëmi le suivit et se fit confirmer les deux pronostics : Hercule vivrait, mais René de Sorbières n'avait plus à compter que des heures.

Une des choses vraies qu'on ne permet pas volontiers de dire aux romanciers, — c'est qu'une femme peut aimer à la fois son mari et son amant; — j'ai vu même souvent les femmes préférer l'amant à l'époux dans les circonstances ordinaires de la vie, mais sacrifier l'amant à l'époux dans les grandes catastrophes.

Les premiers romanciers ont commencé par portraire des exceptions, des modèles de fidélité, d'abnégation, d'amour exclusif. — Cela avait de la noblesse; on a affiché ces sentiments très-rares dans la vie ordinaire; on les a portés comme on porte des chapeaux ou des robes d'après une pièce de théâtre à succès. — Il a été tacitement convenu que chacun ferait semblant d'attribuer ces grands sentiments aux autres, à condition qu'on les lui reconnaîtrait à lui-même sans contestation. Les façons et les degrés d'épreuves, les diverses positions et les sentiments sont aussi variés que les visages et les organisations, mais on est convenu que tout le monde aimait de la même manière et au même degré, c'est-à-dire au degré le plus élevé, ceux qui passent pour honorables ou éclatants, même quand il s'agit de sentiments contradictoires, de passions exclusives les unes des autres.

De même que peu de personnes ont le tempérament sanguin, lymphatique ou bilieux absolument, mais ont un tempérament composé d'un ou deux de ces éléments dans des proportions très-différentes ; de même que le vent souffle naturellement beaucoup moins du sud, de l'ouest, de l'est ou du nord précisément que l'un des vingt-huit points intermédiaires, on n'est pas souvent un modèle achevé d'amour conjugal exclusif, mais on n'est pas souvent un monstre complet qui ne peut aimer un autre homme sans haïr avec passion celui que l'on trahit ; — on n'est pas fréquemment non plus une de ces mères couveuses qui ne vivent plus que pour leurs enfants, — mais on est rarement aussi une marâtre ; les caractères francs, complets, tranchés, sont des exceptions qui ne se manifestent que par intervalles. D'ailleurs, les personnes qui ont à ce degré superlatif telle ou telle passion n'ont pas le moyen d'avoir également les autres. — L'esprit de Noëmi était en ce moment rempli de ces contradictions que l'on n'ose pas s'avouer à soi-même. Son mari vivrait, il avait toujours été pour elle bon et dévoué ; elle devinait à moitié ce qui s'était passé ; et, s'il était mort, il est évident qu'il aurait été tué par la coquetterie et l'ingratitude de sa femme.

Mais René allait mourir ; c'était le seul amour de sa vie ; — elle repoussa une pensée qui se formulait ainsi : — Si c'était d'Apreville qui mourût, si René survivait, — elle pleurerait suffisamment son mari, mais elle épouserait un jour René — elle serait riche, elle aurait un mari qu'elle aimerait, et alors elle renoncerait à la coquetterie.

Je ne vous donne pas Noëmi comme un modèle, je vous la donne comme un spécimen.

Quoi qu'il en soit, sa position était terrible ; elle ne pouvait pas pleurer devant Hercule d'Apreville au moment où elle recevait l'assurance qu'elle le conserverait ; — d'autre part, la pensée de René mourant à quelques pas d'elle, sans qu'elle pût le voir, la jetait dans un profond désespoir.

Vers le milieu de la nuit, le médecin de Paris se fit introduire auprès de d'Apreville ; — depuis le matin, la blessure avait changé d'aspect, et il fut clair pour le docteur que l'artère axillaire était ouverte et que d'Apreville était un homme perdu ; — il lut sur le visage du médecin, demanda qu'on le laissât seul avec lui, — et lui dit :

— Monsieur, je suis un vieux marin que la mort n'effraye pas, mais, si je me sentais surpris par elle, je serais désespéré ; j'ai à mettre ordre à certaines affaires qui ne regardent pas que moi : — dites-moi la vérité, — je suis blessé à mort, n'est-ce pas?

— Vous allez trop loin et trop vite, monsieur; la nature est bien puissante, et on revient de loin; — cependant je ne dois pas vous dissimuler que votre état est grave.

— Je comprends, monsieur.

— Prenez garde de vous exagérer la situation; elle est grave, mais elle n'est pas sans remède.

— Je vais vous aider... comme, après tout, arranger ses affaires ne fait pas mourir, je vais arranger les miennes.

— Comme vous dites, monsieur, cela ne fait pas mourir.

— Très-bien; avez-vous vu M. de Sorbières? il paraît qu'il ne va pas mieux que moi.

— Je ne l'ai pas encore vu; il dormait, et on est allé chercher, pendant que je venais ici, le médecin qui l'a soigné jusqu'à présent. Aussi, vais-je vous demander la permission de vous quitter; je reviendrai tantôt.

Il pansa d'Apreville, tâcha d'arrêter le sang, qui d'abord venait goutte à goutte et s'épanchait largement; puis il alla auprès de René.

— Ah çà ! dit-il à Sanajou, que s'est-il passé dans ce village? on dirait un champ de bataille.

D'Apreville sonna Mathilde, et lui dit :

— Tu vas prendre tes deux fils : un des deux s'installera chez M. de Sorbières ; l'autre viendra de cinq minutes en cinq minutes me dire s'il est mort.

« Ah ! se dit-il, s'il meurt avant moi, je laisserai Noëmi riche et heureuse ; mais je ne veux pas lui laisser Noëmi. »

Il la fit demander. Elle vint s'asseoir auprès de son lit. Il la regardait sans parler, s'enivrant encore de cette beauté qui lui avait inspiré tant d'amour, à laquelle il avait dû tant de bonheur et de si cruelles tortures ! de cette beauté à laquelle il avait immolé René, Férouillat et lui-même !

Il se la présenta restant après lui pour René.

— Oh ! non, dit-il, il va mourir ; pourvu qu'il meure avant moi !

Mathilde entra et dit :

— Le médecin de Paris coupe, taille, saigne ; le médecin d'ici hausse les épaules.

Noëmi se leva pour sortir de la chambre :

— Ne me quittez pas, Noëmi, vous serez bientôt délivrée de moi.

— Pourquoi désespérer ainsi, Hercule... Le médecin de Paris espère vous tirer d'affaire...

Hercule hocha la tête et ne répondit pas.

Un peu après Mathilde revint et dit :

— Césaire ne rapporte qu'une chose, le médecin de la commune ne hausse plus les épaules et dit :

« — Oh? par exemple! voilà qui est surprenant! »

— Renvoie-le tout de suite, Mathilde, mais il ne peut plus rester que le temps d'aller et venir, car moi je m'en vas.

En effet, une sueur froide couvrit le visage de d'Apreville, sa respiration était courte, il faisait des soupirs longs et sourds. Mathilde se mit à genoux en pleurant.

— Ne tarde pas, Mathilde, dit-il, fais ce que je te dis.

Noëmi restait comme une statue de pierre; pour Hercule, il semblait qu'il voulait se rassasier de la voir.

Mathilde rentra.

— Ils disent que M. de Sorbières est sauvé; sa respiration est revenue; le médecin d'ici le dit lui-même.

— Ah! dit d'Apreville, il vivra et moi je meurs! Envoie encore une fois, Mathilde, et puis ce sera tout.

Ses paupières commencèrent à se recouvrir de temps en temps, ses yeux devinrent vitreux. — Il tenait une main de Noëmi.

— Ne me quittez pas ! murmura-t-il.

Mathilde revint et dit :

— Décidément, il est sauvé ; c'est un grand médecin, il vous sauvera aussi, mon pauvre maître, il va venir ici tout de suite.

— Personne ne me sauvera, Mathilde, je sens la mort qui me prend dans ses mains froides. — Laisse-nous, j'ai à causer avec *ma* femme. — Enferme-nous et n'ouvre qu'à ce médecin, s'il veut venir voir qu'il ne s'est pas trompé.

Mathilde obéit et redescendit.

A peine un quart d'heure s'était écoulé que le médecin de Paris se présenta.

— Eh bien ! monsieur, dit Mathilde, sauverez-vous aussi notre maître ?

— Mon enfant, dit-il, il est impossible qu'il vive encore une heure.

A ce moment, on entendit en haut un grand cri désespéré de Noëmi.

Le médecin et Mathilde montèrent en toute hâte.— Ils trouvèrent Hercule d'Apreville mort sur son lit,

— et, à côté de lui, assise dans un fauteuil, Noëmi, la tête dans les mains, qui criait :

— Un miroir ! un miroir ! qu'on me donne un miroir !

Deux mois après.

René de Sorbières, une fois débarrassé du sang qui l'étouffait emprisonné dans sa poitrine par la précipitation maladroite du docteur du crû, et n'ayant aucun organe important lésé, ne tarda pas à être en pleine voie de guérison.

Cependant le médecin de Paris avait fort recommandé à Sanajou de ne pas permettre qu'il lui vînt rien qui pût ébranler le système nerveux en lui causant de violentes émotions ou des anxiétés.

Il savait qu'Hercule d'Apreville était mort, — le frater n'ayant pu s'empêcher de dire : — J'avais bien dit que cet homme-là était perdu ! — de même qu'il disait de temps en temps : — ***, de Paris, et moi, nous vous avons tiré d'une passe difficile, mon jeune ami. C'est tenter la science que de se faire donner des coups de sabre comme cela. — Bon pour une fois, mais n'y revenez plus. — Moi, je suis franc, la vérité avant tout; je ne cache pas ma défiance des Parisiens, de ces lumières qui brûlent plus qu'elles n'éclairent dans les sciences (il avait lu cette phrase le matin même dans un journal religieux), de ces princes de la science, comme on dit. — Eh bien ! je ne suis pas du tout mécontent de celui-ci, il a de la main, de la décision. — Vraiment, pour un jeune homme, il a été tout à fait bien.—Dame! ça ne sait que ce qu'on peut savoir à son âge, mais ça sait une grande chose : — ça sait écouter les anciens. — Vous rappelez-vous, Bérénice, un jour qu'il vous demandait de l'eau pour se laver les mains après avoir pansé notre blessé d'accord avec moi, j'ajoutai : — de l'eau un peu tiède, — *tepida,* — cela est plus détersif, — *melius diluit;* il répondit très-gracieusement : — Merci ! mon ancien; parfaitement raisonné, *diserte dictum.*

Mais, si l'on avait appris à René de Sorbières la mort de d'Apreville, dont on ne lui savait pas de raison de s'affliger immodérément, — on ne lui avait pas raconté les détails, — car l'on avait fini par savoir comment Férouillat avait disparu, — de la tuerie qui avait épouvanté cette petite bourgade, si paisible d'ordinaire, et que j'aurais à peine osé raconter, si je n'avais pour excuse et pour modèle celle bien plus sanglante qui signala la restauration d'Ulysse dans son royaume d'Ithaque, — et songez que sa Pénélope à lui était restée sage et fidèle : qu'aurait-ce donc été, s'il s'était trouvé trompé, trahi comme le malheureux capitaine et par sa femme et par son ami ?

On n'apprit pas non plus à René que, si Noëmi avait dit en partant qu'elle allait auprès de son amie Julie Quesnet, on avait de fortes raisons de croire qu'elle avait pris une autre direction, et qu'en réalité personne ne savait où elle était.

Il est vrai que la directrice de la poste n'avait pas caché qu'elle avait reçu l'ordre de retourner à madame Julie Quesnet, à Paris, les lettres adressées à madame Noëmi d'Apreville. Mais un habitant du pays, qui était allé à la capitale, s'était assuré que madame d'Apreville n'y *résidait* pas.

René avait écrit cinq ou six lettres à Noëmi sous le couvert de madame Quesnet, — mais n'avait pas reçu de réponse. — Sanajou, qui avait fait plusieurs fois le voyage de Paris pour affaires personnelles, et qui pensa qu'il pouvait y retourner tout à fait, promit à son ami de faire une visite à madame Quesnet, et d'en tirer quelque chose, — car, de quinze jours au moins encore, René, qui commençait à faire quelques pas dans sa maison et dans son jardin, ne serait en état de faire un trajet en voiture.

Julie Quesnet à Noëmi d'Apreville.

« Malgré ta recommandation de ne pas t'envoyer les lettres de M. de Sorbières, je t'en fais un paquet que tu recevras avec celle-ci.

« J'ai vu hier son ami, M. Sanajou : c'est une affection réellement touchante; — si tu n'as pas modifié tes intentions de retraite, si c'est pour toujours que tu as renoncé au monde, il faut l'en avertir de façon à lui ôter tout espoir; plus tu attendras, plus le coup que tu as à lui porter sera rude et accablant.

« Je regrette chaque jour ta promptitude à aller t'enfermer dans cette communauté avec ta cousine, sans être venue me voir aussitôt ton veuvage, — j'aurais pesé avec toi tes raisons de passer le reste de ta vie dans la pénitence et la réclusion.

« Je comprends de quel désespoir tu as pu être frappée en voyant les funestes résultats d'une coquetterie qui est rarement punie avec tant de sévérité.

Deux hommes morts, un autre en danger, il y avait de quoi, certes, faire réfléchir la plus forcenée coquette et lui faire prendre pour l'avenir des résolutions meilleures. S'il te devenait loisible, d'ailleurs, d'appliquer très-doucement les règles d'une morale nouvelle, rien ne t'empêche plus d'épouser l'homme que tu aimes, et la vertu dans cette union mieux assortie ne te demandait que d'être heureuse. Je crains, ma chère Noëmi, que les saintes personnes qui t'entourent, accoutumées à ne voir le salut que hors du monde, se soient fait un devoir de cultiver outre mesure des dispositions pour la retraite qui, chez toi, ne devraient être que passagères. — Il n'est pas commode de causer de ces choses-là par lettres; — ne peux-tu sortir quelques jours et les venir passer avec moi ? — Si cela ne se peut, mon mari ne me refusera pas de me conduire près de toi.

« Certes, il te blâme de ta coquetterie et de tes torts envers d'Apreville avec cette sévérité qu'ont tous les hommes pour les fautes que l'on ne commet pas à leur bénéfice; mais cependant, il prétend que, s'il est juste que tu aies des chagrins et du repentir, cela doit avoir des limites; que la vie cloîtrée ne convient ni à tes habitudes, ni à ton esprit, ni à ton cœur, et qu'il n'est pas de couvent où le diable n'ait un petit autel invisible.

« En tous cas, écris à M. de Sorbières, peut-être lui réserves-tu le triomphe et la gloire de te faire renoncer à une décision qui, je l'espère, n'est pas définitive.

« Esther vient tous les dimanches passer la journée ici avec mes enfants, et elles retournent à leur pension.

« JULIE. »

Noëmi d'Apreville à Julie Quesnet.

« Oui, tu as raison, il faut que nous nous voyions, — mais plus tard... dans quelques mois. C'est toi qui viendras ici, car, moi, je ne sortirai plus de cet asile où j'ai abrité mon désespoir; lis ma lettre à René, elle exprime mes sentiments sans exagération, sans emphase. Loin de chercher à me confirmer dans mes idées, ma cousine me tient à peu près le même langage que toi.—Il se peut que cette vie ne convienne pas aux femmes qui ont vécu dans le monde; —

mais, crois-moi, Julie, ma résolution est immuable:
quand nous nous reverrons, tu en seras convaincue.
— Adieu, fais parvenir cette lettre. »

Noëmi d'Apreville à René de Sorbières.

« J'apprends par vos lettres, mon cher René, que
vous êtes enfin remis de cette terrible blessure, —
vous le troisième de ceux que j'ai assassinés, — et
que vous voulez bien ne pas me haïr. — Mais, mon
cher René, il faut que je vous fasse encore un peu de
mal, en vous déclarant la résolution inébranlable que
j'ai prise de renoncer au monde et de finir ma triste
et criminelle existence dans une maison de retraite
dont je ne passerai plus le seuil.

« Vous êtes encore amoureux de moi, René, et ce
prestige vous empêche de voir mes crimes ; ces flots
de sang répandu, ces trois hommes devenus furieux
et s'entre-déchirant comme des bêtes sauvages ; —
ces deux amis liés dès l'enfance, se tuant traîtreusement à coups de fusil et à coups de couteau, — et
tout cela à cause de moi, tout cela à cause de ma coupable coquetterie ! Ces deux spectres de Férouillat et

d'Apreville se dresseraient entre nous. — Non, René, je ne serai jamais à vous. — Il faut que j'expie mes crimes en cette vie. — Je crois que Dieu n'exige pas que je cesse de vous aimer ; — vous aimer et vivre loin de vous, ne vous revoir jamais, c'est un supplice au contraire qu'il acceptera comme un à-compte sur ceux qu'il réserve aux damnés.

« Ne cherchez pas à ébranler ma conviction ; — ne cherchez pas à me revoir ; — vous aggraveriez mon chagrin, je le veux bien — mais aussi le vôtre, et vous, vous êtes un honnête homme, vous n'avez pas de rançon à payer à la justice divine. Cherchez à vous résigner ; je vous aimerai toute ma vie, — toute ma vie sera partagée entre Dieu et votre souvenir. — Vous trouverez une autre femme plus digne de vous ; — jusque-là, écrivez-moi quelquefois : le plaisir que me causeront vos lettres porte avec lui son expiation, car j'ai renoncé et je renonce devant vous à cet amour qui m'a été si précieux.

« NOÉMI. »

Julie Quesnet à Noëmi d'Apreville.

« Voici une circonstance qui va peut-être t'embarrasser : — mon mari, qui est le coupable, prétend, au contraire, qu'à moins que tu ne sois devenue tout à fait idiote, tu seras enchantée de son indiscrétion.

« A vrai dire, au moment où il a dénoncé ta retraite à ce malheureux René qui est arrivé à Paris et chez moi malgré l'avis des médecins, encore pâle et souffrant, j'allais peut-être céder comme lui.

« Pourquoi, Noëmi, ne jouirais-tu pas des délices d'un amour permis? pourquoi n'épouserais-tu pas M. de Sorbières? Je lui ai fait les seules objections sérieuses que tu pourrais faire; — je lui ai demandé s'il était bien sûr que tes torts envers ton premier mari ne donneraient pas au second de la défiance et peut-être peu d'estime pour toi; — il m'a répondu à ce sujet des choses médiocrement sensées, mais néanmoins, et peut-être à cause de cela, parfaitement rassurantes. Il t'aime très-tendrement et très-passionnément. Il part après avoir passé une journée chez son ami Sanajou. Il veut entendre de ta bouche que tu renonces à lui et à son amour. J'espère qu'il te ramènera. Il serait étrange que tu n'eusses voulu être à cet homme que lorsque c'était un crime, et que tu t'y refusasses opiniâtrément aujourd'hui que l'amour serait une vertu, la seule vraie vertu des femmes.

« Je t'embrasse,

« JULIE. »

Noëmi d'Apreville à Julie Quesnet.

« Eh bien ! il est venu, je l'ai vu, j'ai entendu sa voix, et il est reparti sans m'avoir même entrevue.

« Je suis brisée.

« Je t'écrirai demain. »

Noëmi d'Apreville à Julie Quesnet.

« Il faut pourtant que tu saches tout, car, sans cela, tu me croirais folle d'être insensible à l'amour de cet homme, et tes lettres finiraient par me tuer avec leurs excellents raisonnements. Je ne suis pas folle : je ne suis que malheureuse, désespérée ; car je l'aime, je l'adore, et jamais il ne me reverra. Tes raisonnements ne te paraissent excellents que parce que tu ne sais pas. Apprends donc! mais je te demande en grâce de brûler cette lettre aussitôt que tu l'auras lue ; ou plutôt, — pardonne-moi cette défiance, — renvoie-moi les morceaux déchirés : je la brûlerai moi-même.

« Oui, hier, j'ai entendu sa voix prononcer mon nom et me demander à la tourière ; — oui, avertie par ta lettre et l'œil aux aguets, — je l'avais vu entrer toujours noble, — pâle et un peu courbé de cette blessure reçue à cause de moi ; — oui, ma cousine la supérieure est venue m'avertir qu'il me demandait au parloir ; — quelques pas, et je le voyais, et j'étais auprès de lui, et j'ai refusé, — et j'ai entendu refermer la porte sur lui.

« Écoute donc pour savoir où j'ai pris cette force qui me laisse écrasée et détruite : toi seule... Julie... toi seule sauras ce fatal secret, que je t'ai d'abord caché, que je voulais te cacher toujours. — Sur la tête de tes enfants, Julie, ne le confie à personne, — je me tuerais en te maudissant.

« Lorsque M. d'Apreville sentit les approches de la mort, et qu'il apprit en même temps que René était sauvé, — il dit à Mathilde :

« — Laisse-moi seule avec ma femme et ferme la porte.

« Il me fit asseoir sur son lit après m'avoir ordonné de mettre tout à fait à sa portée une cassette dans laquelle étaient ses papiers ; il me prit la main et me dit :

« — Noëmi, votre beauté a été la joie et le désespoir de ma vie. — Je sais tout ; — c'est moi qui ai essayé de faire tuer M. de Sorbières par Férouillat ; c'est moi qui ai tué l'infâme Férouillat que je m'étais réservé.

« Je voulais me jeter à genoux, il me retint et m'interrompit :

« — Écoutez-moi sans me répondre, je sens que j'ai très-peu de temps devant moi. Votre beauté était mon trésor, ma vie, — vous me l'avez vendue, car vous ne m'aimiez pas, Noëmi ; ce que vous aviez cherché dans le mariage, c'était la liberté, l'aisance, les commodités de la vie.

« — Si je n'étais pas mort tué par ce Normand de Férouillat, ou si M. de Sorbières seulement était mort avant moi, je ne vous aurais pas dit ce que je vous dis là. — Mais je meurs, et... l'autre reste. Ce que vous avez voulu, c'est la fortune : je vous laisserai riche. Cette cassette contient des papiers qui laissent tout en ordre, et le laissent à vous seule. — Mais... allez voir si cette porte est fermée.

« J'y allai; pendant ce temps, il ouvrit la cassette et y remua je ne sais quoi; — je revins auprès de lui.

« — Vous serez riche, répéta-t-il.

« Et sa voix haletante, entrecoupée de hoquets, annonçait qu'il ne se trompait pas.

« — Vous aurez donc ce que vous avez voulu, — mais... approchez-vous de moi.

« Il m'inclina sur lui.

« — Mais cette beauté que vous m'avez vendue, que j'ai achetée, pour laquelle je meurs, je l'emporterai avec moi.

« A ce moment, de son bras gauche il me serra contre lui en m'enfonçant ses ongles dans le dos, — puis de l'autre main il m'appliqua sur le visage un mouchoir mouillé qui me brûla; — nous jetâmes ensemble un grand cri.

« On monta, il était mort. — Moi, je demandais un miroir. — Mathilde, sans m'écouter, sortit en courant pour aller prévenir le prêtre, espérant qu'il n'était pas mort tout à fait. — Quand je fus seule avec le médecin, — je lui dis :

« — Mais moi, monsieur, moi, que m'a-t-il fait? Je brûle.

« Le médecin fit un mouvement d'horreur ; il me pansa.

« — Un miroir ! un miroir ! disais-je.

« — Quand vous serez pansée, répondait-il.

« Alors seulement je vis ma figure, mais cachée par la charpie — un œil était fermé.

« — Monsieur, dis-je, serai-je défigurée?

« — Hélas ! madame, probablement.

« — Monsieur, dis-je en me jetant à genoux, — au nom du ciel ! — emmenez-moi d'ici et que personne ne sache rien !

« — Mais c'est impossible, vous devez souffrir beaucoup, et le transport !

— Cela ne fait rien, je veux partir d'ici... emmenez-moi, je sais que vous retournez à Paris.

« — Ma chaise est à votre porte.

« — Emmenez-moi... que personne ne sache rien ici.

« Il me laissa dans ma chambre, — dit à Mathilde que j'étais très-frappée, peut-être folle, qu'il allait m'emmener. — A la faveur de l'obscurité et du mouchoir que je tenais sur mon visage, je pus monter dans la chaise du docteur sans être vue ; je souffrais les tortures de l'enfer; — mais je ne pensais qu'à ne pas être défigurée, laide, — là où était René.

« A Paris, le médecin me mit dans une maison et me soigna; il prétendit m'avoir guérie.—Alors j'allai chez ma cousine. — Je ne te donnerai aucun détail. — Inutile de te dire que je suis défigurée, hideuse,— et que l'implacable d'Apreville a emporté, comme il le disait, cette beauté si funeste, mais si regrettable, — cette beauté sans laquelle une femme est la plus ruinée des créatures. — J'ai voulu me tuer, mais je me suis lâchement laissé donner des raisons banales par ma cousine pour renoncer à ce projet. — Je voulais te cacher à toi-même cette horrible histoire.

« Être laide !

« Il n'y a pas de miroir dans mon appartement, pas plus que dans les cellules des religieuses cloîtrées. — Personne ne m'a vue laide que le médecin et les femmes d'ici, qui n'en sortent et n'en sortiront jamais. Dans l'esprit de tous ceux qui m'ont connue, j'ai gardé mon visage d'autrefois. — Je ne suis laide qu'ici où personne ne me voit; mais je suis belle dans la mémoire et dans le cœur de René, où je vis, où je vivrai d'une vie d'amour.

« L'autre jour, — quand *il* est venu, — je m'étais levée de bonne heure ; la matinée était fraîche et riante ; — une petite brise secouait légèrement les arbres, et faisait tomber de leurs cimes parfumées et des pétales d'aubépine et des chants de fauvette. — Je descendis au jardin ; — les fleurs entr'ouvraient leurs corolles éclatantes et humides de rosée, — les insectes ailés bourdonnaient dans l'air ; — une douce ivresse remplit mon cœur et l'inonda de jeunesse, de bonheur et d'amour ; — tout semblait comme moi être jeune et aimer ; — tout ce qui était proche, tout ce qui se touchait paraissait se rapprocher ou se caresser, jusqu'aux colimaçons qui sortaient des bordures de buis et se cherchaient, et paraissaient moins hideux. — Il y avait près de quatre mois que je n'avais vu mon visage ; il me sembla que je ne devais plus être laide, que le printemps, que l'amour, avaient dû tout réparer. — C'est à ce moment que j'entendis tinter la grosse cloche de la cour et que je me hâtai de monter à ma chambre. — J'entendis, je reconnus la voix de René, — je faillis aller au-devant de lui. — Quand ma cousine vint me parler, j'allais presque céder ; — tout à coup je demandai un miroir ; — il n'y en avait qu'un dans la maison, chez une autre pensionnaire comme moi; on alla le lui demander. — Je me regardai et je dis à la supérieure :

« — Ma cousine, dites que je ne reçois et ne recevrai jamais personne, et que je mourrai sans sortir de cette maison. Du reste, j'écrirai à M. de Sorbières.

« Il insista sans doute, car j'entendis des voix un peu confuses; puis la porte de la cour s'ouvrit en criant sur ses gonds; et elle se referma avec un bruit qui fit frissonner la maison silencieuse : c'était mon tombeau qui se refermait sur moi.

« Il est parti, mais je lui ai écrit, je lui écrirai des lettres tendres, de belles lettres d'amour qu'il lira en voyant dans son cœur mon beau visage d'autrefois. — Il m'écrira, et il m'écrira amoureux de moi. — Je me sens vivre belle auprès de lui. J'espère mourir jeune — d'ailleurs, pour lui je n'aurai pas vieilli. Il ne me reverra jamais.

« Adieu ! maintenant tu viendras me voir, — tu viendras seule. — Tu garderas mon secret vis-à-vis de ton mari lui-même. — Tu comprends que trahir ma confiance, ce serait être plus barbare que d'Apreville : il m'a laissé une consolation, tu ne m'en laisserais pas, en m'enlevant à ton tour ma beauté dans le cœur de René, là où elle est reine, là où il importe qu'elle vive.

Moi-même, recevant ses lettres, lui écrivant, ne voyant plus jamais mon visage, je retrouverai dans ces lettres ma chère beauté perdue. — Je souffrirai, mais de la souffrance des belles. — Je souffrirai de la séparation, mais non de l'abandon.

« Adieu ! ma chère Julie, adieu !

« NOÉMI D'APREVILLE. »

FIN.

www.ingramcontent.com/pod-product-compliance
Lightning Source LLC
Chambersburg PA
CBHW071525160426
43196CB00010B/1667